Susan M. Stanford

WERDE ICH MORGEN WEINEN?

Susan M. Stanford

Werde ich morgen weinen?

Heil werden nach einer Abtreibung

FRANCKE
Verlag der Francke-Buchhandlung GmbH

Über die Autorin:
Dr. Susan Stanford ist Doktor der Psychologie. Sie selbst hatte unter den Folgen einer Abtreibung zu leiden. In den USA leitet sie ein Institut, das auf wissenschaftlicher Basis Hilfen und Beratungsansätze für betroffene Frauen erarbeitet.

Bibliografische Information Der Deutschen Bibliothek
Die Deutsche Bibliothek verzeichnet diese Publikation in der Deutschen Nationalbibliografie; detaillierte bibliografische Daten sind im Internet über http://dnb.ddb.de abrufbar.

ISBN 3-86122-746-0

Originaltitel: Will I cry tomorrow?

Published by Fleming H. Revell Company, Old Tappan, USA

Deutsch von Traute Reil-Kaczorowski
Umschlaggestaltung: Henri Oetjen, Design Studio Lemgo
Satz: Verlag der Francke-Buchhandlung GmbH
Druck: Koninklijke Wöhrmann, Niederlande

www.francke-buch.de

Inhaltsverzeichnis

1. Die Entscheidung

Als ich aufwachte, umfing mich der frische Geruch eines morgendlichen Sommerregens, der gleichmäßig gegen die Scheibe meines leicht geöffneten Schlafzimmerfensters trommelte. Da es noch still in der Wohnung war, nahm ich an, dass Laura, mit der ich die Wohnung teilte, noch schlief. Obwohl ich noch gar nicht richtig wach war, merkte ich doch, dass die Bettdecke in meinen zusammengeballten Fäusten zerknüllt war. Mein ganzer Körper war verspannt, und ich fühlte mich so erschöpft, als ob ich keine vollen acht Stunden geschlafen hätte. Ich atmete tief durch, um die Verspannungen etwas zu lösen.

In dem Augenblick, in dem ich richtig wach wurde, wusste ich, was für ein Tag heute war: Dienstag, 1. Juli. Um neun Uhr hatte ich meinen Termin in der Klinik. Während ich mich auf einem Ellbogen aufrichtete, dachte ich: *Ich kann immer noch absagen.* Und dann: *Nein, ich muss es hinter mich bringen.*

Ich schlug die Decke zurück und setzte meine Füße mit einem dumpfen Geräusch auf den Boden. Taub. Empfindungslos. Seitdem der Termin feststand, hatte ich mir keinerlei Gefühle mehr erlaubt. *Diese Empfindungslosigkeit ist gut, Susan,* sagte ich mir, während ich nach meinem rosafarbenen Morgenrock griff. *Nur so kommst du da durch.*

Ich stand auf und ging ins Badezimmer, um mich zu duschen. Frühstücken stand nicht zur Diskussion. Ich hörte, wie draußen vor der Wohnung ein Wagen angelassen wurde – wahrscheinlich einer meiner Nachbarn, der versuchte, den morgendlichen Berufsverkehr in die Stadt hinein zu vermeiden. Ich schaute durch die Regenschlieren des Badezimmerfensters nach draußen. Warum musste es an diesem Tag auch noch trübe und kalt sein? Der Himmel sah wie harter, nasser, grauer Beton aus, und ich wusste, dass es wieder einmal einer dieser Tage war, an dem es von morgens bis abends regnet.

Normalerweise hätte ich hastig meine Unterlagen zusammengesucht, schnell etwas Make-up aufgetragen und wäre dann zu meiner morgendlichen Psychologievorlesung geeilt, die ich an der nahe gelegenen Universität abhielt. Dort hatte ich im Frühjahr jenes Jahres, 1975, promoviert und das Glück gehabt, sofort eine Stelle an der Universität zu bekommen.

Von „Glück" würde Frank allerdings nicht sprechen, sagte ich mir, als ich aus der Dusche stieg. Er hatte die meisten Probleme in unserer Ehe auf meine Promotion geschoben, auf meinen Versuch, eine sinnvolle berufliche Laufbahn einzuschlagen, auf „diesen ganzen Emanzipationskram" – auf alles andere, nur nicht auf die wirklichen Risse, die unsere Ehe mürbe gemacht hatten. Noch vor wenigen Monaten war ich fest davon überzeugt gewesen, dass es nur eine einzige Möglichkeit gab, ihn dazu zu bringen, mir zuzuhören, meine Bitten anzuhören – indem ich ihn damit schockierte, dass ich zeitweilig auszog.

Wenn es nur geklappt hätte! Wenn das nur die ganze Wahrheit wäre. Während ich mich anzog und versuchte, meinem schulterlangen, dunklen Haar einen Anflug von Ordentlichkeit zu verleihen, musste ich mir ehrlicherweise gestehen, dass meine Entscheidung nicht klug gewesen war. Ich starrte auf die bleiche Haut meines Spiegelbildes, die dem hellen, zarten Teint meiner englischen Großmutter so ähnlich war und durch die meine dunklen, müden Augen eingefallen wirkten. Ich war emotional zu verletzlich geworden und hatte viel zu viel Zeit damit vergeudet, in Frank den hartherzigen, schwarzen Ritter zu sehen. Und doch – wie sehr liebte ich Frank immer noch, und wie sehr wünschte ich, dass unsere Ehe wieder in Ordnung käme!

Wenn das stimmt, warum hast du dann –? Ich schloss die Augen und hielt mich am Waschbecken fest. Ich war kaum in der Lage, mir selbst ins Gesicht zu sehen, geschweige denn, diesem Gedanken standzuhalten. Ich war aus guter Familie, betrachtete mich selbst als intelligent und wohlerzogen. Ich kämpfte meine tiefe Selbstverachtung nieder.

Ich verließ das Badezimmer, nahm meinen Regenschirm aus dem Flurschrank und trat dann hinaus in den gleichmäßig fallenden Regen. Während ich ins Auto stieg, setzte ich meinen inneren Dialog fort, in dem ich so kühl und sachlich sprach, wie es sich für die professionelle Beraterin[1], die ausgebildete Psychologiedozentin, die ich inzwischen geworden war, gehörte. Doch der Autoschlüssel zitterte so sehr in meiner Hand, dass ich ihn kaum ins Zündschloss bekam. Trotzdem schaffte ich es irgendwie, den Wagen anzulassen, atmete noch ein paar Mal tief durch und fuhr vom Parkplatz.

Beim Fahren setzte ich meine innere Moralpredigt fort. Ich hielt mir vor, dass ich dieses Chaos meinen eigenen Gefühlen zu verdanken hatte und dass ich nun versuchen musste, der Stimme der Vernunft zu folgen, wenn ich wieder aus dem Schlamassel heraus wollte. Ungeachtet meiner religiösen Erziehung, ungeachtet meiner weiblichen Instinkte schien es nur einen Ausweg zu geben. Und dieser besagte, dass ich den „Eingriff" hinter mich bringen musste, für den ich mich angemeldet hatte.

Wie ich es schaffte, durch die regennassen Straßen zu fahren, weiß ich nicht. Ich weiß nur, dass ich das Lenkrad fest umklammert hielt und versuchte, den Aufruhr meiner Gefühle im Zaume zu halten. Es war mein Verstand, der meine Gefühle in der Gewalt hatte: *Nicht nachgeben.* Mein eigener Verstand war zu meinem Feind geworden, der mich anklagte und mir vorhielt, was für eine Närrin ich gewesen war. Nachts lag ich wach und stellte mir die schockierten Gesichter meiner Eltern, meiner Brüder und der Freunde meiner Familie vor – und natürlich Franks Gesicht. Ich wagte nicht, daran zu denken, wie sehr er außer sich sein würde, wenn er erfahren würde, was vorgefallen war. Deshalb vermied ich es lieber, überhaupt darüber nachzudenken.

Im Grunde hatte ich vom ersten Moment an versucht, mein „Problem" ganz zu ignorieren. Während ich vor einer roten Ampel hielt, dachte ich noch einmal an den Morgen, an dem ich festgestellt hatte, dass meine Brüste schmerzten und leicht vergrößert waren. Ich hatte immer viel Sport getrieben und kannte meinen Körper gut. Aber diese Anzeichen konnte ich einfach nicht akzeptieren – das heißt, jedenfalls so lange nicht, bis die Periode ausblieb. Das war noch nie passiert! Plötzlich befand ich mich in einer völlig verwickelten Lage: Frank und ich hatten uns entfremdet, hatten monatelang nicht zusammengelebt, aber ich wollte dennoch eine Versöhnung. Wie sollte ich diese jetzt herbeiführen? Wie konnte ich zu ihm hingehen und so ganz nebenbei erwähnen, dass ich seit einem Monat schwanger war?

Meine Gedanken verweilten nur flüchtig bei diesem letzten Wort. Das „Ding" in mir war höchstens ein paar Wochen alt. Ich war katholisch erzogen worden – wie ich mich beschämt erinnerte – und konnte mir dennoch das „Ding“ nicht im Entferntesten als lebendes Wesen vorstellen. In meinem sachlichsten Beratertonfall hatte ich mir daher befohlen, nicht emotional zu werden, eine Klinik anzurufen und die „Ansammlung von Zellen“ entfernen zu lassen.

Ich bog bei der nächsten Ampel links ab und fuhr eine von Bäumen gesäumte Auffahrt hinauf zum Parkplatz der Klinik. *Wenn dies ein normaler chirurgischer Eingriff ist – so, als ließe ich mir eine Zyste entfernen –, warum habe ich dann der Sekretärin am Telefon einen falschen Namen angegeben?* Von meiner beruflichen Warte aus ermutigte ich meine Klienten immer dazu, selbst die Verantwortung für ihre Handlungen zu übernehmen. Trotzdem war ich nicht fähig gewesen, den Termin auf meinen eigenen Namen, Dr. Susan Stanford, auszumachen. *Und warum habe ich so eine panische Angst empfunden, als mir die Sekretärin sagte, dass ich zehn Tage warten müsse, weil vorher kein Termin mehr frei ist?*

Diese Stiche schmerzten. Eine Zeit lang musste ich das Denken noch ausschalten – bis alles vorüber war. Ich stellte den Motor ab und starrte auf den Backsteinbau vor mir. Er war modern, sauber, einladend und groß. Ich würde dort nicht auffallen – nur ein Gesicht unter vielen sein. Meine Handflächen waren feucht, und ich kämpfte gegen das Gefühl der Schwäche an, das von meinen Armen und Beinen Besitz ergriff. Da der Regen nachgelassen hatte, ließ ich meinen Schirm im Wagen, als ich ausstieg.

Dann stand ich beklommen an der Anmeldung, während ich darauf wartete, dass die Sekretärin ihr

Telefongespräch beendete. Als sie mir einen Blick zuwarf, flüsterte ich: „Mein Name ist Sarah Wagner. Ich habe einen Termin für neun Uhr." Ohne zu zögern reichte sie mir einen Stift und eine Schreibunterlage mit einem langen Formblatt und bedeutete mir, es auszufüllen.

Mechanisch kritzelte ich die Antworten in die vorgesehenen Rubriken. Als ich ihr das Formblatt zurückgab, hatte sie ihr Telefongespräch beendet. Sie lächelte mich an und sagte: „Ich will Ihnen nun den Ablauf erklären." Zunächst würde ich mit einer Beraterin sprechen. Dann würde ich in den Raum gebracht werden, in dem der Eingriff vorgenommen werden sollte. *Der Eingriff.* Es entging meiner Aufmerksamkeit nicht, dass auch sie es vermied, genau wie ich selbst, das andere Wort dafür zu benutzen. Anschließend würde ich in einem dafür vorgesehenen Raum ruhen, bis man sicher sei, dass ich alles gut überstanden hatte. Die ganze Angelegenheit würde ungefähr drei oder vier Stunden in Anspruch nehmen. Die Sekretärin führte mich in ein kleines privates Büro zu meiner Beraterin, einer hübschen, ungefähr dreißigjährigen Blondine.

„Ich heiße Julia", sagte sie herzlich, indem sie mir die Hand zur Begrüßung entgegenstreckte. „Bitte setzen Sie sich, Sarah. Ich möchte nun den Eingriff mit Ihnen durchsprechen."

Den Eingriff. Während sie weitersprach, wurde mir etwas leichter ums Herz. Sie hatte eine sanfte Art. Und ich hatte das Gefühl, dass sie weder unerfahren noch abgebrüht oder leichtsinnig sei. Sie schien ehrlich besorgt um mich – Sarah oder wer auch immer ich war. Ich richtete meinen Blick auf ihre dezent geschminkten Lippen und versuchte, die Wogen meiner Gefühle einzudämmen.

Sie begann: „Ich möchte Ihnen dabei helfen, sich über Ihre Gefühle klar zu werden."

„In Ordnung." Mehr brachte ich nicht heraus. Ich merkte, wie mein Kinn zitterte.

„Wie stehen Sie", fuhr sie fort, und meine Augen wanderten von ihrem Gesicht zum Boden, „zu Ihrer Entscheidung, eine Abtreibung vornehmen zu lassen?"

Ich schluckte. Ich sah meine Hände in meinem Schoß nur noch wie durch einen Schleier. „Ich habe viel nachgedacht. ... Ich habe so das Gefühl ... es ist eine Entscheidung von ungefähr achtzig zu hundert."

„Wie meinen Sie das?", hakte Julia nach.

Ich öffnete meine Lippen, um zu antworten, aber ich brachte nur ein Schluchzen heraus. Tränen tropften auf meine geballten Fäuste. Ich weinte und weinte und weinte. Wenn ich nicht aufpasste, würde ich gleich völlig die Kontrolle über mich verlieren.

Wie aus weiter Ferne drang Julias Stimme durch den Aufruhr meiner Gefühle: „Sarah, ich habe den Eindruck, dass Sie sehr aufgewühlt sind. Vielleicht sollten wir den Eingriff etwas verschieben. Warum gehen Sie nicht nach Hause und denken noch eine Woche darüber nach? Es kommt mir so vor, als ob Ihnen das, was Sie vorhaben, zu viel Schmerz bereitet."

Ich ballte meine Fäuste noch fester zusammen. Ich hatte mich so sehr auf mein Vorhaben versteift, dass dies der einzige Ausweg für mich war. Ich konnte nicht länger warten, keine Woche, nicht einmal mehr eine Stunde. Unter Aufwendung all meiner Kraft unterdrückte ich noch einmal meine Gefühle und meine weiblichen Instinkte. Der nüchterne Verstand musste die Oberhand gewinnen.

Ich hörte mich antworten: „Nein. Ich werde ihn

nicht verschieben. Es ist alles zu kompliziert geworden. Es wird alles einfacher machen, so dass ich mein Leben wieder bewältigen kann. Die Schwangerschaft fortzuführen, ist keine Alternative." Damit war's heraus. Ich hatte mich entschieden. Meine Entscheidung war unumstößlich. Die Gefühle waren wieder unter Kontrolle.

Julia nickte. Ihr Lächeln sagte irgendwie: „Sie sind eine tapfere Frau. Dann wollen wir also anfangen."

Ich seufzte tief und erhob mich, um ihr in den Behandlungsraum zu folgen. Sie strich mir über den Arm und ließ mich allein. Gleich darauf kam eine Schwester herein und händigte mir ein Krankenhaushemd aus. „Der Arzt kommt gleich."

Ich zog mir das Hemd über, setzte mich und starrte die Wand an. Die Schwester hatte „gleich" gesagt. Warum hatte ihre Stimme dabei so kühl, so nüchtern geklungen? Gleich würde alles vorbei sein. Dann konnte ich diesen Tag aus meinem Gedächtnis streichen. Ich konnte weiterleben und versuchen, mich mit Frank auszusöhnen. Das Leben würde wieder seinen normalen Verlauf nehmen.

Aber das Leben würde für lange, lange Zeit keinen normalen Verlauf mehr nehmen. Denn in diesem Raum würde noch mehr sterben als mein Kind. Und meine eigene seelische Kraft würde nicht ausreichen, um dort Leben zu spenden, wo der Tod Einzug gehalten hatte.

Ich würde einer Kraft bedürfen, die weitaus größer war als alles, was ich bisher kennen gelernt hatte.

Ich wartete schweigend und versuchte, an nichts zu denken. Aber es war zwecklos. Vor meinem geistigen Auge flackerten Erinnerungen auf, als ob mein Unbewusstes gegen meinen Willen versuchte, den Sinn hinter all dem zu entdecken, was ich tat: Wie es möglich war, dass ich – die ich nicht nur Abtreibungen verabscheute, sondern auch Heimlichkeiten und Menschen, die ein Doppelleben führten –, wie es nur möglich war, dass ich mich an diesem Ort befand.

2. Mitleid und Leidenschaft

Meine Kindheit verlebte ich in dem Landstädtchen St. Bruno, ungefähr vierundzwanzig Kilometer von Montreal entfernt. Eine Impression hat sich mir wie ein Bild aus einem Fotoalbum eingeprägt: die Art, wie sich das kühle Nordlicht durch die Fenster meines weiträumigen Elternhauses auf den Teppich und den glänzenden Parkettboden ergoss, auf dem ich als kleines Mädchen spielte.

Tag für Tag, genau um die Mittagszeit, kam mein Vater in das Zimmer, in dem ich spielte – die Sonne spiegelte sich in seinen gut polierten eleganten Schnürschuhen –, und nahm mich auf den Arm. Bei drei Brüdern war ich natürlich Vatis Mädchen, und wenn ich in seine sanften Augen sah, war es für mich keine Frage, dass er mich liebte. Dann drückte er mich einmal fest an sich, setzte mich wieder auf den Teppich und ging in die Küche, wo meine Mutter damit beschäftigt war, das Essen zuzubereiten.

Ich war stolz auf meinen Vater. Er war Arzt, und ich wusste schon als kleines Kind, dass ihm das Wohl der Menschen am Herzen lag. Hin und wieder nahm uns meine Mutter auch in seine Praxis mit, und ich empfand ein Gefühl von Wichtigkeit, wenn ich den Namen meines Vaters auf dem Praxisschild sah: *Dr. med. Ronald L. Stanford, Facharzt für Kardiologie.* Im Wartezimmer blätterte ich in abgegriffenen Zeitschriften und beobachtete dabei die Patienten, die mit ernsten, besorgten Gesichtern um mich herum saßen, bis sie der Reihe nach in Vatis Sprechzimmer gebeten wurden. Wenn sie wieder herauskamen und noch einen Moment im Türrahmen verharrten, um ein paar abschließende Worte mit ihm zu wechseln, war der Ernst aus ihren Gesichtern gewichen und hatte einem Ausdruck der Erleichterung Platz gemacht. So etwas tat mein Vater für die Menschen. Dann klopfte er ihnen aufmunternd auf die Schulter und entließ sie mit einem letzten beruhigenden Wort. Ich hatte das Gefühl, dass er ein ganz besonderer Mensch sein musste, weil ihm so viele Leute vertrauten.

In gleicher Weise ließ auch meine Mutter, Veronica Stanford, keine Gelegenheit aus, meine Brüder und mich in den Arm zu nehmen oder uns Mut zuzusprechen. Sie besaß eine warmherzige Ausstrahlung und darüber hinaus einen Spürsinn für Beschäftigungen, die nicht nur Spaß machten, sondern gleichzeitig auch lehrreich waren. Als z. B. meine Liebe zu Pferden in beinahe jedem meiner Kinderbilder zum Ausdruck kam, ließ sie mich in einem nahe gelegenen Reitstall Reitstunden nehmen. Und da sie mit Vater völlig darin übereinstimmte, dass eine gute Erziehung für uns wichtig sei, wurde ich in einer privaten katholischen Mädchenschule angemeldet.

Die Schwestern legten nicht nur Wert auf traditionelles „Buchwissen“, sondern widmeten auch der Vermittlung guter Umgangsformen besondere Aufmerksamkeit, was in den fünfziger Jahren für jede kultivierte junge Dame wichtig war. Die Schule war stolz darauf, wohl erzogene junge Frauen zu entlassen, die hoch motiviert waren, ihren Beitrag zum gesellschaftlichen Leben zu leisten. Denn sowohl Referate als auch Lektionen im Unterricht vermittelten uns das Bewusstsein, dass es unsere Aufgabe sei, der Gemeinschaft zu dienen. Da meine Eltern mich nicht nur in geistigen, sondern auch in sportlichen Disziplinen bestärkten, setzte ich meine Reitstunden fort und war auf diesem Gebiet schließlich so weit fortgeschritten, dass ich oft an Springturnieren teilnahm.

Ja, offen gesagt war es im Reitstall, wo ich eines Tages im Jahre 1963 das schockierendste Erlebnis meines jungen Lebens hatte.

Es war an einem Samstagmorgen. Meine Mutter hatte mich am Reitstall abgesetzt, und einige Schüler waren bereits damit beschäftigt, Sättel und Zaumzeug herbeizuholen oder ihre Pferde zu striegeln. Mutter war kaum vom Parkplatz gefahren, als schon eine meiner Reitgenossinnen auf mich zukam und mich am Arm fasste. Es war Deborah, mit der ich zwar öfter zusammen ritt, die ich aber nicht näher kannte. Da ich erst fünfzehn und sie mehrere Jahre älter war, hatten wir, außer im Reitstall oder bei Reitveranstaltungen, keinen Kontakt zueinander. An diesem Morgen sah sie sehr bleich aus und sagte: „Susan, ich muss mit dir sprechen. Und zwar sofort. Allein."

Als wir am Ende eines der Ställe angelangt waren, wandte sie sich mit Tränen in den Augen zu mir um und fragte mit bebender Stimme: „Dein Vater ist doch Arzt, nicht wahr?"

„Ja."

„Ich muss sofort zu ihm."

„Natürlich", erwiderte ich. „Aber was fehlt dir denn?"

„Ich habe starke Blutungen. Ich habe Angst zu verbluten."

Ich war wie betäubt. Abgesehen davon, dass sie aufgeregt erschien, konnte ich Deborah nichts Außergewöhnliches anmerken. „Was ist passiert?"

Ihre Augen schweiften in die Ferne. „Vor zwei Monaten habe ich eine Abtreibung vornehmen lassen. Ich war damals im vierten Monat schwanger. Irgendein Quacksalber hat es nachts außerhalb seiner Sprechzeit gemacht, und seitdem habe ich Blutungen. Ich habe Angst, dass ich sterben muss."

Nun war auch ich aufgeregt. Ich war erschrocken und konnte nicht glauben, was ich da hörte. Abtreibungen waren illegal und, wie die katholische Kirche mich gelehrt hatte, nicht nur ein Unrecht, sondern Mord.

Deborah, die wohl das Gefühl hatte, sich erklären zu müssen, fuhr fort: „Ich bin schwanger geworden, als ich eines Nachts mit einem Jungen, den ich kaum kannte, zusammen war. Ich wusste nicht, was ich tun sollte. Er wollte nachher nichts mehr von mir wissen. Und so habe ich es nach vier Monaten schließlich meinen Eltern gestanden. Mein Vater war völlig außer sich. Er drohte mir, er würde mich erschießen, wenn ich es ‚nicht wegmachen' ließe."

Mir blieb der Mund offen stehen. Ich kannte Deborahs Vater. Er hatte einen schroffen, ja sogar rohen Eindruck auf mich gemacht. Aber dennoch war es mir unbegreiflich, dass ein Vater seine Tochter in einer solchen Situation so grausam behandeln konnte.

„Deshalb möchte ich zu deinem Vater – noch heute Vormittag", verlangte sie und riss mich mit dieser Forderung aus meiner Sprachlosigkeit.

Am Telefon sagte ich meinem Vater, dass Deborah „krank" sei. Er erwiderte, sie solle sofort zu uns nach Hause kommen. Wir fuhren mit ihrem Wagen hin, und ich bin sicher, dass meine Mutter überrascht war, dass ich schon so bald wieder nach Hause kam. Aber nachdem sie einen Blick auf Deborah geworfen hatte, lächelte sie nur und meinte: „Hallo, ihr zwei."

Vater, der wieder diesen mir so vertrauten ernsten Blick hatte, begrüßte sie herzlich. Er bat sie in sein privates Arbeitszimmer und schloss die Tür, und ich konnte mir gut vorstellen, wie er sie in dem Polstersessel neben dem Bücherregal Platz nehmen ließ.

Inzwischen zog ich mich zu Mutter in die Küche zurück und erzählte ihr mit gedämpfter Stimme die unglaubliche Geschichte. Mutter schüttelte nur den Kopf und meinte: „Armes Ding."

Wenige Minuten später kam Vater mit Deborah wieder heraus. Sie sprachen leise ein paar Worte miteinander, und dann ging Deborah. Auf Mutters fragenden Blick hin sagte er nur: „Ich habe sie sofort ins Krankenhaus überwiesen."

Den Rest des Tages verbrachte ich in der Nähe unseres Hauses. Am Abend bat mich mein Vater in sein Arbeitszimmer zu einem Gespräch unter vier Augen. Während ich ihm in dem bequemen Sessel gegenübersaß, versuchte ich mir vorzustellen, wie entsetzt und aufgeregt Deborah an diesem Morgen gewesen sein musste.

„Du bist heute für deine Freundin eine große Hilfe gewesen, Susan", begann Vater. „Sie ist sehr krank. Und es war sehr wichtig, dass du mich sofort angerufen hast."

Es beeindruckte mich, dass er sich in Bezug auf Deborah jeglichen Urteils zu enthalten schien. Dann überraschte mich allerdings seine nächste Äußerung.

„Ich hoffe zwar, dass dir so etwas nie passieren wird, aber du musst wissen, dass du bei deiner Mutter und mir immer mit Verständnis rechnen kannst."

Mir war es sehr peinlich, mit meinem Vater über solche Dinge zu sprechen. Denn selbst zur damaligen Zeit, in den so genannten freien sechziger Jahren, sprach man nicht so offen über sexuelle Fragen. Ja, selbst mit meiner Mutter hatte ich noch nie über außereheliche Schwangerschaft oder Abtreibung gesprochen. Aber ich war beeindruckt von der Haltung meines Vaters und der Ruhe, mit der er sich um Deborah gekümmert hatte. Auch empfand ich es als tröstlich, dass er mir zu verstehen gab, meine Mutter und er würden mir in jeder Krise meines Lebens beistehen.

Als ich sein Zimmer verließ, legte er den Arm um mich, und ich schmiegte mich eng an ihn. „Danke, Vati."

Obwohl mich seine Worte beruhigt hatten, dachte ich immer noch ernsthaft über die Ereignisse des Tages nach, als ich zu Bett ging. Und so schloss ich Deborah in mein kurzes Nachtgebet ein. Nachdem ich das Licht gelöscht hatte, lag ich noch lange wach und versuchte mir vorzustellen, wie sie sich wohl in einem fremden Krankenhausbett fühlen mochte. Ich fragte mich, ob ihre Eltern sie überhaupt besuchen und für ihre traurige Lage Verständnis aufbringen würden oder ob sie ganz allein mit all dem fertig werden musste.

Es war alles sehr beunruhigend für mich. Vor diesem Tag war der Gedanke an Abtreibung für mich völlig fremd gewesen, etwas, das „schlechte" Menschen taten. Und so konnte ich mir nicht im Entferntesten vorstellen, wie Deborah sich fühlen musste. Als „Spätentwicklerin" in Bezug auf Jungen hatte ich bisher kaum eine Verabredung gehabt, geschweige denn über sexuelle Beziehungen nachgedacht. Als ich mich schließlich auf die Seite drehte und die Decke um mich zog, war ich daher einfach froh, dass wir Deborah hatten helfen können.

Ungefähr zwei Monate später erschien sie wieder im Reitstall. Obwohl wir noch häufig zusammen ritten, erwähnten wir dieses Erlebnis mit keinem Wort. Ich war genauso froh wie sie, dass wir so taten, als ob nie etwas gewesen sei.

Als ich kurz darauf in ein College in Montreal aufgenommen wurde, ließ mein Interesse an Reitturnieren nach, und ich wandte mich für die nächsten drei Jahre anderen Neigungen zu: Ich wurde Mitglied in den Verbindungen der College-Studentinnen, interessierte mich für die Studentenzeitung, spielte Damenhockey, war Organisatorin einer Gruppe von Sportfans und betrieb noch eine Menge anderer Aktivitäten. So hatte ich Deborah bald völlig aus den Augen verloren.

In meinem letzten Jahr im College dachte ich allerdings manchmal an sie, als ich in meinem Wohnheim das Amt einer Seniorin ausübte. Denn in dieser Funktion wurde ich gelegentlich von Mädchen angesprochen, die Schwierigkeiten mit ihren Zimmergenossinnen oder mit ihrem Studium hatten. Mehrere Male kamen auch Studentinnen mit Problemen zu mir, die sich auf ihr Verhältnis zu Männern bezogen. Inzwischen hatte auch ich nähere Bekanntschaft mit dem anderen Geschlecht gemacht, allerdings nie in Erwägung gezogen, „mit jedem zu schlafen", wozu einige ältere Semester neigten.

Inspiriert von dem durch die Blumenkinder ins Leben gerufenen „Sommer der Liebe" in San Francisco warfen in jenem Jahr 1967 junge Menschen im ganzen Land die traditionelle Moral über Bord und sprachen von „freier Liebe". Ich jedoch nicht. Ich ging weiter jeden Sonntag zur Heiligen Messe und hielt an meinen traditionellen katholischen Werten fest, ungeachtet dessen, dass bei vielen meiner Kommilitonen die „Gott-ist-tot-Philosophie" populär war, die bedauerlicherweise an vielen Universitäten ihren Einzug gehalten hatte. Obwohl mein Glaube im Grunde eine Routinesache war, ja sogar etwas Mechanisches an sich hatte, muss ich doch eine gewisse Beständigkeit ausgestrahlt haben, da mich gelegentlich ein Mädchen aus meinem Wohnheim zur Seite nahm und mich wegen ihres komplizierten Sexuallebens um Rat bat. Ich habe nie erfahren, ob meine Ratschläge eine große Hilfe waren, aber ich schenkte den Ratsuchenden Gehör und habe mich um sie bemüht.

In jenem Jahr erwachte in mir auch das Interesse an der Beratertätigkeit. Da ich in einem Haus aufgewachsen war, in dem man das Wohlergehen anderer so wichtig nahm, fand ich es ganz natürlich, vielleicht einen sozialen Beruf zu ergreifen.

So suchte ich an einem Herbstnachmittag Pater O'Neill, einen der beliebtesten College-Berater, in seinem Büro auf. Auf meine Frage, ob er etwas Zeit habe, bat er mich, Platz zu nehmen. Da er den meisten Sportveranstaltungen, Theatervorführungen und Konzerten auf unserem Campus beigewohnt hatte, kannte ich ihn schon von so manchem Gespräch her und betrachtete ihn fast als alten Bekannten.

„Wie kann ich dir helfen, Susan?"

„Ich interessiere mich für Ihre Arbeit", begann ich. „Ich glaube, ich würde gerne einen Beruf ausüben, in dem ich Menschen helfen kann. Außerdem gefällt mir die College-Atmosphäre."

Dann sprachen wir ausführlich über die Vor- und Nachteile seines Berufes. Mit dem für ihn typischen Humor erzählte er mir von seinen Sorgen und Freuden. Und während er so erzählte, merkte ich, wie diese Welt eine immer größere Attraktion auf mich ausübte. Es war ganz offensichtlich, dass ihm wirklich am Wohl der Studenten gelegen war. Ich erkundigte mich bei ihm nach den besten Studienmöglichkeiten in „Beratende Psychologie"[2], und er erklärte sich dazu bereit, einige Freunde anzurufen, die auf diesem Gebiet tätig waren, um Empfehlungen von ihnen einzuholen. Nach einem vierstündigen Gespräch verließ ich ihn in gehobener Stimmung und mit dem Gefühl, dass ich im Begriff war, eine der wichtigsten Entscheidungen meines Lebens zu treffen.

Kurz darauf bat mich Pater O'Neill erneut in sein Büro. In seinen Telefonaten war immer wieder ein Name gefallen: der des Boston-Colleges, das in dem Ruf stand, einer der besten Studienorte für beratende Psychologie im Osten der Vereinigten Staaten zu sein. Es dauerte nicht lange, bis dieser Gedanke seine Wirkung auf mich ausgeübt hatte. Ich stellte es mir herrlich vor, in Boston mit seiner Universitätsatmosphäre studieren zu können. Außerdem liebte ich das Meer, die Berge und die guten Skimöglichkeiten, die diese Gegend zu bieten hat.

So schickte ich umgehend meine Bewerbung an das Boston-College und war außer mir vor Freude, als ich im Frühjahr 1968 die Zusage erhielt. Außerdem bewarb ich mich noch um das Amt einer Seniorin in einem der Studentinnenwohnheime. Dadurch konnte ich wertvolle Erfahrungen auf dem Gebiet meiner zukünftigen Tätigkeit sammeln. Außerdem würde ich noch ein kleines Taschengeld erhalten und sowohl von den Studiengebühren als auch von den Kosten für Unterkunft und Verpflegung befreit sein. Das College teilte mir umgehend mit, dass ich die Stelle bekäme und mich eine Woche vor Beginn des Herbstsemesters vorstellen solle.

So zog ich also im September 1968 nach Boston. Dort wollte ich meinen Magister erwerben, um mich für den Beruf eines professionellen Beraters zu qualifizieren. Während ich meine Koffer und meine persönliche Habe in meinem Zimmer abstellte, dachte ich voller Zufriedenheit darüber nach, dass es mir nicht schwer gefallen war, eine der wichtigsten Entscheidungen meines Lebens zu treffen. Zu diesem Zeitpunkt konnte ich allerdings noch nicht ahnen, dass für mich in Boston eine Beziehung beginnen würde, die nicht nur von sehr großem Glück, sondern auch von tiefem Schmerz geprägt sein sollte.

Die Gruppe der „Senioren" wurde vor Semesterbeginn eine Woche lang auf ihre Aufgaben vorbereitet. Wir lernten ein breites Spektrum von Situationen zu bewältigen, z. B. wie man sich verhält, wenn ein Feuer im Wohnheim ausbricht, wie man einen Studenten behandelt, der Selbstmordgedanken hat, und wie man die College-Regeln durchsetzt, wenn man einen Studenten antrifft, der seine Freundin über Nacht bei sich hat. Da außerdem die Universitäten im gesamten Gebiet der USA zur damaligen Zeit von Studenten und anderen wimmelten, die gegen den Vietnamkrieg protestierten, mussten wir darüber hinaus auch wissen, wie man im Falle von Unruhe oder Gewalt einen kühlen Kopf bewahrt.

Während dieser einwöchigen Einführung lernte ich Frank Kelly kennen, einen Studenten, der sich im letzten Jahr seines Jurastudiums befand. Er sah sehr gut aus, war etwa mittelgroß und besaß ein liebenswürdiges Lächeln und eine entschlossene Art, aufzutreten. Im Laufe dieser Woche unterhielten wir uns häufiger miteinander und hatten schon am folgenden Wochenende unsere erste Verabredung.

Wir stellten schnell fest, dass wir viele ähnliche Interessen hatten. Beide waren wir begeisterte Sportler, und Tanzen war unsere gemeinsame Lieblingsbeschäftigung. Wir beide waren katholisch erzogen worden, obwohl er zugab, dass Besuche der Heiligen Messe bei ihm nicht sehr hoch im Kurs standen. Er erzählte mir auch, er sei einmal verlobt gewesen, aber die Beziehung habe, wie er es selbst formulierte, „nicht geklappt".

Zwei Wochen nach meiner Ankunft in Boston konnte meine Stute, Gray Dawn, von Montreal nach Boston verschifft und in einem Stall in der Nähe des College-Geländes untergebracht werden. Bald nach ihrer Ankunft machte ich Frank mit ihr bekannt. Zunächst war er in ihrer Nähe etwas zurückhaltend, da er keine Erfahrung mit Pferden hatte. Aber schon nach ein paar Reitstunden fühlte er sich im Sattel so wohl, dass wir lange Wochenendausritte genießen konnten. Ich war begeistert, diese Sonnenseite meines Lebens zusammen mit Frank erleben zu können und zu sehen, wie bereitwillig er daran teilnahm – kurz, zu spüren, dass wir uns näher kamen.

Während der nächsten sieben oder acht Wochen verabredeten wir uns häufig. Ich lernte verschiedene seiner Freunde kennen, unter anderem auch David, einen Rechtsanwalt, der bald einer meiner engsten Freunde in Boston wurde. Als die Herbstwinde vom Meer her Kälte nach Boston brachten, sah es so aus, als ob die Gefühle zwischen Frank und mir noch inniger würden. Oft zogen wir uns in ein stilles kleines Restaurant zurück. Während wir uns unterhielten und sich unsere Blicke über den dampfenden Tassen mit Tintenfischsuppe trafen, legte Frank seine Hand in die meine, und ich spürte, wie mir abwechselnd heiß und kalt wurde.

Ich war überrascht, wie schnell und heftig ich mich in Frank Kelly verliebte. Noch nie in meinem Leben hatte ich für jemanden so viel empfunden! Und seinen Worten, seinen Küssen entnahm ich, dass er genauso für mich empfand. Wenn es unser Studium erlaubte oder wir nicht gerade unseren Seniorenpflichten nachkommen mussten, verbrachten wir unsere Zeit gemeinsam, arbeiteten zusammen in der Bibliothek oder machten einfach lange Spaziergänge. Es war eine überschwängliche Liebe, die mich dazu verführte, unüberlegte Dinge zu tun.

Zum Beispiel vermochten die drei Schneestürme, die im Winter 1969 innerhalb von nur vier Wochen in Boston wüteten, unsere Beziehung keinen Augenblick abzukühlen. Der erste Sturm legte das Leben der Stadt tagelang unter einer mehr als dreißig Zentimeter hohen Schneedecke lahm. Kurse wurden abgesagt, Frank war in seinem Wohnheim auf „dem Hügel", wo die Wohnheime für Studenten standen, von der Welt abgeschnitten, und ich saß in meinem Wohnheim fest, das sich mehrere Blöcke von denen der Studenten entfernt in einer Gruppe von Blocks befand, die das College dazugekauft hatte, nachdem seine Tore auch für Studentinnen geöffnet worden waren. Der zweite Sturm stand dem ersten in nichts nach. Und obwohl wir täglich stundenlang miteinander telefonierten, fand ich es dennoch unerträglich, dass Frank und ich keine Möglichkeit hatten, zueinander zu kommen.

Als der dritte Sturm über uns hereinbrach, hatte ich einen Plan gefasst. Zwar wurden die Einwohner Bostons in Rundfunk- und Fernsehnachrichten eindringlich davor gewarnt, die Häuser zu verlassen und sich in den Schneesturm hinauszuwagen; auch sah ich die hohen Schneewehen, die der mit über siebzig Stundenkilometern dahinjagende Sturm unter meinem Fenster aufgetürmt hatte, aber in mir brannte das Verlangen, Franks Lächeln zu sehen, und der Wunsch, in seinen Armen zu liegen. Ich wusste, es war ein verrückter Plan, aber ich griff dennoch zum Hörer und rief ihn an.

Als er sich meldete, begann ich: „Wie fändest du es, wenn wir uns gleich treffen würden?“

„Susan? Wovon sprichst du?“, fragte er lachend.

„Ich komme dich besuchen.“

„Das tust du nicht. Das kannst du gar nicht. Der Schneesturm ist lebensgefährlich.“

„Ich komme.“

„Die Straßen sind voller Schneewehen.“

„Ich ziehe mir schon die Stiefel an.“

„Susan, das ist Wahnsinn –“

„Ich treffe dich in der Bibliothek. Komm dorthin. Ich liebe dich.“

Als wir beide aufgehängt hatten, zog ich lange Unterwäsche unter meine Cordhose, schlüpfte in meine Daunenjacke, schlang mir einen Schal um den Hals und um meine Strickmütze und stapfte dann die Treppe hinunter in Richtung Tür. Als mich die Seniorin sah, die gerade Dienst hatte, blieb ihr vor Staunen der Mund offen stehen.

„Susan! Du bist doch wohl nicht so verrückt, bei diesem Wetter nach draußen gehen zu wollen?“

„Das bin ich“, lachte ich. „Wartet nicht auf mich.“ Ich stieß die Tür auf und wurde beinahe von einer heftigen Schneeböe umgeworfen.

Ich arbeitete mich durch den Schnee, bis meine Beine müde wurden. Winzige Eiskörner peitschten gegen mein Gesicht, aber ich schaffte es, mich nach und nach durch die Straßen zu kämpfen. Nach einer geschlagenen halben Stunde konnte ich die Lichter der Bibliothek ausmachen. Die Jura-Bibliothek war noch für Studenten offen gehalten worden, die einen übermäßigen Lerneifer an den Tag legten.

Frank musste beinahe die gleiche Entfernung zurücklegen, um dorthin zu gelangen. Und als wir uns genau in der Tür trafen, brachen wir in übermütiges Gelächter aus. Franks Augenbrauen waren gefroren, und wir beide waren von Kopf bis Fuß mit Schnee bedeckt. Das Ganze war wie eine Szene aus Dr. Schiwago, wo sich die beiden Liebenden, von Sehnsucht getrieben, in einem eisigen Versteck treffen.

Während Frank meine erfrorenen Hände zwischen den seinen wärmte, flüsterte er: „Susan, ich liebe dich mehr, als ich dir je sagen kann." Dann gingen wir in ein leeres, stilles Studierzimmer im Erdgeschoss. Dort lagen wir uns in den Armen und unterhielten uns lachend miteinander. Wir hatten jegliches Zeitgefühl verloren, wie dies nur bei Liebenden der Fall sein kann.

Als wir uns zwei oder drei Stunden später wieder trennten, tanzte ich, mit dem Schal vor dem Gesicht, vor dem Eingang mitten im dichten Schneegestöber für Frank noch einen verrückten kleinen Tanz. Dieser wurde für uns ein übermütiges Zeichen dafür, dass unser Glück nicht mit Worten zu beschreiben war. Frank und ich lachten so übermütig, dass wir glaubten, wir würden in eine Schneewehe fallen.

Während ich wieder heimwärts stapfte, war es mir, als ob ich über den Schnee schwebte. Ich konnte es einfach nicht fassen, dass ich mit einer so wundervollen Liebe gesegnet sein sollte. Und ich konnte mir vorstellen, dass wir beide für immer in diesem überwältigenden Gefühl, das mich durchströmte, miteinander verbunden sein würden. In jener Nacht dankte ich Gott in meinem Gebet für die Liebe, die ich für Frank empfand. Mit einundzwanzig Jahren hatte ich das Wunderbarste gefunden, was das Leben geben konnte: grenzenlose Liebe.

So dachte ich jedenfalls.

3. Keine Lügen, nur Halbwahrheiten

Ende März brach jedoch meine Welt durch ein zufälliges Telefongespräch unerwartet zusammen. Ich hatte mit unserem guten Freund David telefoniert, um mit ihm die Pläne für ein Wochenende zu besprechen, das wir gemeinsam mit ihm verbringen wollten. Im Laufe dieses Gesprächs fing David plötzlich an, mir von den verrückten Dingen zu erzählen, die er und Frank früher zusammen angestellt hatten.

Während ich noch über Davids Geschichten lachte, kam mir der Einfall, ihn über ein Thema auszufragen, das mich naturgemäß mit Neugier erfüllte: „Du, David, erzähl mir doch mal etwas über Franks frühere Verlobte."

„Tja, eigentlich habe ich sie gar nicht so richtig kennen gelernt", erwiderte David. „Wir haben uns während ihrer Ehe nicht so oft gesehen."

Im Geiste korrigierte ich seine Worte: *Natürlich meinte er während ihrer Verlobungszeit.* „Ach, bitte", bohrte ich weiter. „Erzähl doch irgendetwas. War sie sportlich? Wie haben sie sich überhaupt kennen gelernt?"

David zerbrach sich den Kopf, um wenigstens auf die meisten meiner Fragen eine befriedigende Antwort geben zu können. Er sagte mir, dass sie und ich sehr verschieden seien, worüber ich froh war. Denn ich wollte nicht an eine vergangene, gescheiterte Liebesaffäre erinnern. „Aber mehr kann ich dir nicht erzählen", meinte er schließlich. „Wie ich schon gesagt habe – sie haben sich während ihrer Ehe sehr abgekapselt."

„Aber David“, unterbrach ich ihn abrupt, „sie waren doch gar nicht verheiratet. Sie waren doch nur verlobt.“

Ich hörte, wie David am anderen Ende der Leitung nach Luft schnappte. Während der Stille, die darauf folgte, hatte ich das Gefühl, als ob ich den Boden unter den Füßen verlöre. David versuchte stammelnd, seine Fassung wiederzuerlangen: „Meine Güte, Susan, ich dachte, du wüsstest alles.“

Mir fehlten die Worte, und die Tränen liefen mir in Strömen über die Wangen. Ich empfand einen so ungeheuren Schmerz in der Brust, dass ich kaum atmen konnte. Während ich den Hörer auf Abstand hielt und weinte, hörte ich, wie Davids Stimme, leise und aus weiter Ferne, wieder und wieder meinen Namen rief. Der Mann, den ich von ganzem Herzen liebte, hatte mich angelogen! Er war verheiratet gewesen und hatte sich scheiden lassen. Nach der Lehre der Kirche würde ich eine Todsünde begehen, wenn ich ihn heiratete. Frank war ebenfalls katholisch. Er kannte also die Konsequenzen seiner Scheidung. Mir zersprang vor lauter Fragen fast der Kopf. Warum hatte er mir das nicht erzählt?

Schließlich sprach ich wieder in den Hörer und sagte unter Tränen: „David, ich muss mit dir sprechen. Kann ich zu dir kommen?“

„Natürlich, Susan.“ Der Klang seiner Stimme ließ erkennen, dass er genauso vernichtet war wie ich selbst. „Komm nur her.“

Wie ich zu Davids Wohnung kam, werde ich nie wissen. Der Frühlingsregen war so heftig hereingebrochen, dass meine Scheibenwischer wie wild gegen die Regenmassen ankämpfen mussten. So konnte ich sowohl wegen des Regens als auch wegen meiner Tränen kaum die Begrenzungslinien auf der Straße erkennen. Außerdem zitterte ich am ganzen Körper vor Nervosität und Kälte.

Wenn David auch nicht viele Fragen beantworten konnte, so half es mir doch sehr, dass er mir einfach freundlich zuhörte. Lange Zeit saß er geduldig neben mir, während ich meiner Verwirrung und meinen verletzten Gefühlen Luft machte. Als ich mich nach drei Stunden schließlich wieder etwas gefangen hatte, meinte er: „Warum fährst du nicht zu Frank und sprichst dich mit ihm aus?"

Er hatte natürlich Recht. So fuhr ich durch Regen, Kälte und Dunkelheit zurück. Da es noch vor elf Uhr abends war und ich wusste, dass Frank in der Jura-Bibliothek arbeitete, lenkte ich also meinen Wagen fast automatisch dorthin.

Dort angekommen, ging ich zwischen den Regalen durch und fand ihn an seinem üblichen Arbeitstisch. Da es inzwischen auf Mitternacht zuging, war außer Frank niemand mehr in der Bibliothek. Er saß entspannt auf seinem Stuhl und las das *Wall Street Journal.* Sowie ich ihn erblickte, verwandelten sich meine verletzten Gefühle in schieren Zorn.

„Hallo, Liebling", begrüßte er mich und lächelte mir über den Rand der Zeitung zu. „Was gibt's Neues?"

„Ich habe mich gerade den ganzen Abend mit David unterhalten."

„Prima", erwiderte er geistesabwesend und wandte sich wieder seiner Zeitung zu. „Ist alles für das Wochenende geregelt?"

„Nein, so gut haben wir uns nun wieder nicht unterhalten", gab ich heftig zurück. Er ließ abrupt die Zeitung sinken und schaute mich an, offenbar verwirrt über den Zorn, den er auf meinem Gesicht sah.

„Susan, was hast du?"

„Ich habe soeben herausgefunden, dass du verheiratet warst!", schrie ich.

Frank schluckte schwer – er war wie erstarrt, die Zeitung fiel ihm aus den Händen.

Nach nervenaufreibenden Augenblicken der Stille sagte er mit einem Seufzer der Erleichterung: „Gott sei Dank, dass du es weißt."

„Aber bei dir kann ich mich dafür wohl kaum bedanken!", schrie ich wieder. Nun kannte ich kein Halten mehr: „Wie konntest du nur so unehrlich sein? Wir kennen uns jetzt seit sieben Monaten. Wir haben von Heirat gesprochen. Warum hast du mir nicht die Wahrheit gesagt? Meinst du nicht, dass ich das Recht habe, darüber Bescheid zu wissen? Alle außer mir wissen es!" Und dann brach ich in Tränen aus.

Frank, der neben mir gesessen hatte, erhob sich. Aber er machte nicht den Versuch, mich zu berühren. Und das war nur gut so, weil ich ihn sonst vielleicht geschlagen hätte. Er sprach kein Wort, bis ich schließlich schluchzte: „Willst du nicht irgendetwas dazu sagen?"

Er flüsterte mit gesenktem Kopf: „Ich wollte es dir immer schon sagen, aber ... tja ... ich habe es einfach nicht über mich gebracht. Das ist nichts, worauf ich stolz bin. Und dann habe ich mich so schnell in dich verliebt. Und ich wusste, wie stark deine Bindung zur Kirche ist. Ich hatte Angst, dich zu verlieren, wenn du es wüsstest."

„Aber ich habe ein Recht, es zu wissen", schrie ich. „Sieben Monate, Frank. Sieben Monate lang hast du mich Lügen glauben lassen! Kannst du dir vorstellen, wie verletzend das ist?"

Er legte seine Arme um mich, und ich lehnte mich

weinend an ihn. „Keine Lügen, Susan. Nur Halbwahrheiten", sagte er kläglich.

Wir verließen die Bibliothek und gingen in eine Cafeteria, die die ganze Nacht über geöffnet war. Dort redeten wir uns bis beinahe drei Uhr morgens alles von der Seele, und ich hörte mir an, was Frank mir über seine gescheiterte Ehe und seine Hoffnung erzählte, dass diese Ehe vielleicht von der katholischen Kirche annulliert werden könne. Ich erwiderte, dass auch ich das hoffe. Denn falls das nicht geschehe, betrachte ihn die Kirche immer noch als verheiratet, und wir müssten unsere Beziehung abbrechen.

Während er mich zu meinem Wohnheim fuhr, lehnte ich den Kopf niedergeschlagen gegen die Scheibe. Ich war nicht in der Lage, irgendetwas zu denken. Als er mich absetzte, konnte ich ihm keinen Kuss geben, sondern sagte nur kurz angebunden „Gute Nacht", wandte mich ab und ging ins Haus.

Zum Weinen war ich zu müde, aber der ungeheure Schmerz in meiner Brust hielt mich noch lange wach, nachdem ich das Licht gelöscht hatte. *Es wäre so einfach,* dachte ich, *wenn es auf alle Fragen im Leben klare, unmissverständliche Antworten gäbe.* Von meiner kirchlichen Erziehung her wusste ich, dass ich Frank nicht wiedersehen durfte. Aber was sollte aus der großen Liebe werden, die ich für ihn empfand? Schließlich zwang ich mich zu schlafen, denn vor lauter Fragen platzte mir fast der Kopf, und ich war einer Migräne nahe.

Als ich am nächsten Morgen erwachte, ging es mir um keinen Deut besser. Wie eine wandelnde Leiche besuchte ich meine morgendlichen Veranstaltungen und schrieb in den Vorlesungen rein mechanisch mit. Ich musste mir darüber klar werden, was ich wegen Frank tun sollte. Annullierungen von Ehen waren in den sechziger Jahren noch eine Seltenheit. Was also sollte ich tun?

Gleich nach dem Mittagessen hatte ich noch einige Zeit frei. Ich nutzte diese Gelegenheit zu einem Spaziergang über das College-Gelände und einem Besuch der dortigen Kapelle, in der sich um diese Zeit niemand aufhielt. Wenn nicht ein paar Kerzen ein dämmeriges Licht verbreitet hätten, wären die leeren Kirchenbänke in der Dunkelheit kaum auszumachen gewesen. Es war kalt, weil die Heizung abgesenkt war. So zog ich meinen Mantel fest um mich, als ich mich auf einer Bank niederließ. Dann kniete ich nieder und vergrub mein Gesicht in den Händen.

Auf diese Weise äußerlich zur Ruhe gekommen, schrie ich aus tiefstem Herzen zu Gott und führte ihm all die traurigen Tatsachen vor Augen. Ich brauchte Gottes Hilfe, um zu wissen, was ich nun tun sollte. Und ich brauchte Zeit, um alles zu durchdenken. So begann ich, Gott alles zu erzählen, und ließ meinen Gefühlen freien Lauf, als wenn ich zu einem leibhaftigen Freund spräche.

„Herr, ich brauche deine Hilfe. Ich bin so durcheinander“, flüsterte ich. „Ich weiß nicht, was ich tun soll. Ich liebe Frank so sehr. Aber nachdem er sich so verhalten hat, kann ich ihm nicht mehr vertrauen. Und ich möchte auch nicht gegen die Lehre der Kirche verstoßen. Was soll ich nur tun?“

Mehr als eine Stunde kniete ich dort und durchlief ein Wechselbad der Gefühle. So war ich manchmal ganz gefasst – und schon einen Augenblick später brach ich wieder in Tränen aus. Wenn es vielleicht auch nicht der beste Zeitpunkt war, um zu einer endgültigen Entscheidung über unsere Beziehung zu kommen, so gab ich doch nicht auf. Allmählich spürte ich, wie mich Frieden erfüllte, und die ganze Anspannung, die sich zu Kopfschmerzen verdichtet hatte, schien abzuklingen.

In meinem Inneren begannen sich Worte zu bilden, und mir war, als ob eine innere Stimme sagte: „Halte weiter zu Frank. Stehe zu ihm trotz der Kämpfe, die noch vor dir liegen. Vergib ihm seine Fehler. Deine Liebe zu ihm ist gut."

Ihm vergeben. Das war es. Ich kniete nieder und dankte Gott für eine so einfache Antwort. Doch mehr als von der Antwort selbst, war ich davon ergriffen, dass ich Gottes Gegenwart spürte und dass er – der Schöpfer des Universums – sich die Zeit nahm, meine Probleme anzuhören und meinem Herzen wahrhaftig eine Botschaft eingab. So etwas hatte ich noch nie erlebt!

Nach einer Weile erhob ich mich und ging aus dem Halbdunkel der Kapelle in die blendend helle Nachmittagssonne. *Ihm vergeben.* Dies schien eine einfache, christliche Lösung. Aber ich hatte keine Ahnung, wie schwierig es sein würde, an dieser inneren Überzeugung festzuhalten – nicht den Funken einer Ahnung, welche gefühlsmäßigen Höhen und Tiefen noch vor mir lagen.

So fand ich es selbst mit dieser „Antwort" noch schwer, Frank gleich wieder ins Gesicht zu sehen. Ein Teil von mir wollte ihm immer noch den Laufpass geben, während sich der andere Teil verzweifelt danach sehnte, bei ihm zu bleiben. In den nächsten ein, zwei Tagen konnte ich mich nicht einmal dazu durchringen, seine Telefonanrufe zu erwidern. Aber als ich mich schließlich doch bereit erklärte, ihn wiederzusehen, erfüllte sein offensichtlicher Schmerz – seine ungewöhnlich zerknitterte Kleidung, sein übernächtigtes Aussehen – mein Herz sofort wieder mit

Wärme für ihn. Fast übersah ich dabei die Tatsache, dass er sich nicht entschuldigte. Andererseits hatte er jedoch eine Nachricht für mich, die mich mit Hoffnung erfüllte.

Er hatte einen katholischen Studentenpfarrer aufgesucht, der ihm vorgeschlagen hatte, sich an einen auf Kirchenrecht spezialisierten Anwalt zu wenden und sich darum zu bemühen, seine erste Ehe annullieren zu lassen. Obwohl die katholische Kirche am Ende der sechziger Jahre erst wenige Annullierungen vornahm, meinte der Priester, nachdem er Franks Geschichte angehört hatte, dass es einige triftige Gründe gebe, die eine Annullierung wahrscheinlich machten.

Dieser kleine Hoffnungsschimmer genügte, um meine schwankenden Gefühle wieder für ihn einzunehmen. Sofort richtete ich all meine Hoffnungen darauf, dass Frank die Annullierung gelingen würde. Sollte dies jedoch nicht möglich sein, dann war für mich eine Heirat nach wie vor undenkbar.

Die nächsten zwei Jahre brachten zwar einige bedeutende Veränderungen in unser Leben, aber eine Annullierung brachten sie nicht. Nachdem Frank sein Jurastudium im Mai 1969 beendet hatte, zog er nach New York und nahm eine Stelle in der Wall Street an. Er träumte davon, eine eigene Investmentgesellschaft zu gründen. Und wo konnte er schließlich die Leitung einer solchen Gesellschaft besser erlernen als in der Hauptstadt des Investments? Ich war allerdings etwas überrascht über das Ausmaß, in dem sich sein Interesse an den Finanzen entwickelte und zu einer verzehrenden Faszination für die Macht wurde, die man mit Hilfe einer Investmentgesellschaft ausüben kann.

Im Juni 1970 erhielt ich meinen Magistertitel in

Psychologie und stand damit vor der Entscheidung, wohin ich anschließend ziehen sollte. Frank war begeistert, dass ich nun die Möglichkeit hatte, nach New York zu kommen. Aber ich hatte schwer wiegende Bedenken. Er war so sehr mit seiner Arbeit beschäftigt gewesen, dass er wenig oder gar keine Zeit gehabt hatte, sich um die Annullierung seiner ersten Ehe zu kümmern. Und ich war überzeugt, dass er erst recht keine Motivation mehr haben würde, sich darum zu kümmern, wenn ich in New York wäre, wie er es gerne wollte. Schließlich hatte er mich schon monatelang heftig bedrängt, ihn doch ohne den Segen der katholischen Kirche zu heiraten. So waren seine stereotypen Worte: „Wenn du mich wirklich liebtest, wäre es dir egal, wie wir verheiratet sind."

Ich hatte dabei immer das Gefühl, dass das nicht fair sei. Ich liebte ihn wirklich sehr. Doch es war für mich unglaublich wichtig, mit dem Segen der Kirche zu heiraten, mit deren Lehre ich aufgewachsen war und bei der mein Onkel, der Jesuit war, ein Amt bekleidete. So stürzte mich der innere Kampf, wohin ich nun ziehen sollte, in einen Zwiespalt der Gefühle. Wieder und wieder spielte ich die verschiedenen Möglichkeiten durch. Schließlich entschied ich mich dafür, eine Stelle als Beraterin an der Universität in Montreal anzunehmen. Auf diese Weise hatte ich nicht nur die Möglichkeit, noch einmal in der Nähe meiner Familie zu leben, bevor ich heiratete und endgültig wegzog, sondern ich konnte auch, was das Wichtigste dabei war, Frank gleichzeitig zu erkennen geben, dass ich unsere Heirat im Angesicht der Kirche ernst nahm und dass es besser für uns beide wäre, wenn auch er dies bald einsähe.

Nachdem wir an einem Wochenende eine ziemlich schwierige Auseinandersetzung darüber gehabt hatten, welche Prioritäten wir tatsächlich in unserem Leben setzten, gab Frank zu, dass er sich nicht allzu viel Mühe gegeben hatte, die Annullierung seiner Ehe zu erreichen. Er versprach noch einmal, sich zu ändern. Bedauerlicherweise bedurfte es erst meines Umzugs nach Montreal, um ihm den nötigen Ansporn zu einer Sache zu geben, auf die wir beide erklärtermaßen Wert legten. Ich konnte mich kaum enthalten zu sagen, was mir schon seit einigen Wochen durch den Kopf ging: dass er so sehr in seiner Finanzwelt aufging, dass das, was für mich von Bedeutung war, ihm offensichtlich gar nicht mehr so wichtig schien.

Im Herbst 1970 genoss ich es, wieder in Montreal zu leben, in dieser weltoffenen Stadt mit dem internationalen Flair. Selbst Gray Dawn, meine Stute, schien froh, wieder „zu Hause“ zu sein. Als ich sie in ihrem altvertrauten Hof frei laufen ließ, warf sie ihre Mähne so übermütig zurück, dass ich das Gefühl hatte, sie erkenne diesen Ort sogleich wieder.

Oft, wenn es im Winter 1971 schneite, trafen Frank und ich uns irgendwo in den Bergen zu einem Skiwochenende. Tagsüber sausten wir in der Kälte die steilen Pisten hinunter und verbrachten die Abende bei Glühwein am warmen Kamin. Die Universität und die New Yorker Finanzwelt waren dann vergessen. Ich liebte diesen Mann, und ich wollte unsere lebenslange Verbundenheit legalisieren.

Es gab Augenblicke, in denen sich das Jahr endlos dahinzuziehen schien. Doch im Sommer 1971 erhielt Frank die inoffizielle Nachricht, dass die Aussichten auf die Annullierung günstig seien. Und schließlich teilte er mir eines Tages Anfang November aufgeregt am Telefon mit: „Ich habe sie! Ich habe gerade telefonisch die Mitteilung erhalten, dass die

Annullierung rechtsgültig ist. Jetzt kannst du mich heiraten!"

Obwohl unsere Heiratsabsichten plötzlich greifbarste Wirklichkeit geworden waren, konnte ich mich nach all den Schwierigkeiten, die wir durchgestanden hatten, nicht so recht über diese Nachricht freuen. Doch meine gedämpfte Begeisterung lebte wieder auf, als ich mich zusammen mit meiner Mutter in die Planung der Galahochzeit stürzte, von der ich schon seit meinen Mädchentagen geträumt hatte.

Mit Beschäftigung kann man ganz wunderbar die tieferen Probleme des Lebens umgehen. Während Frank und ich unsere Hochzeit planten, unsere Ehegelübde formulierten und die Musik auswählten, wollte etwas in meinem Inneren noch einmal die Frage der Prioritäten aufgreifen, die mich im Laufe dieser langen Wartezeit immer wieder beunruhigt hatte. Aber ich unterließ es und richtete meine ganze Energie auf die Vorbereitung der Hochzeit.

So stand ich dann an einem klaren, kalten Tag mit strahlend blauem Himmel im Februar 1972 aufgeregt im Vestibül der prächtigen Auferstehungskirche in Montreal, während der Organist den Marsch erklingen ließ, von dem jedes kleine Mädchen träumt. Meine Hand zitterte, als ich den Arm meines Vaters ergriff und er mir zuflüsterte: „Das ist es also, Susie. Bist du bereit?"

Die ganze Hochzeitsgemeinde hatte sich erhoben und erwartete uns, als wir durch die Mitteltüren kamen. Mir zitterten die Knie, als die leuchtenden Farben der im Sonnenlicht erstrahlenden Glasfenster durch meinen traditionellen Schleier glitzerten. Am anderen Ende des langen Mittelschiffes wartete Frank, und seine mit Smokings bekleideten Trauzeugen standen meinen Begleiterinnen gegenüber. Mein

Onkel strahlte, und ich hatte das Gefühl, dass er mir zublinzelte.

Unter brausenden Orgelklängen schritten mein Vater und ich zwischen dem Heer der Hochzeitsgäste durch den Mittelgang. Mutter, die in der vordersten Kirchenbank saß, strahlte, als mein Vater und ich neben Frank stehen blieben. Mein Onkel bat die Anwesenden, sich zu setzen, und stellte dann die traditionelle Frage: „Wer gibt diese junge Frau zur Ehe?"

„Ihre Mutter und ich", antwortete mein Vater korrekt, wenn auch mit belegter Stimme. Dann wandte er sich zu mir und küsste mich leicht, bevor er sich zu meiner Mutter in die Bank setzte.

Kurz bevor Frank den Schleier lüftete, betrachtete ich ihn noch einmal durch dessen schimmerndes Weiß. Er sah aus wie in einem Traum – wie ein Märchenprinz und doch zugleich auch wie ein Fremder.

Obwohl mein Herz vor Freude klopfte, flüsterte – ganz tief in meinem Inneren – eine Stimme: *Kennst du den Mann, den du heiratest, auch wirklich?*

Es war etwas zu spät, diese Frage zu stellen.

* * *

Gleich nach unseren Flitterwochen zogen wir nach Chicago, wohin Frank ein paar Wochen vor unserer Heirat von seiner Firma versetzt worden war. Er war überaus erfolgreich in seinem Beruf und hatte sich innerhalb kurzer Zeit so profiliert, dass seine Vorgesetzten sich schnell dazu entschlossen hatten, ihm beträchtlich mehr Verantwortung zu übertragen. Wenn ich sage, dass ich stolz auf ihn war, wäre dies untertrieben.

Die Wohnung, die wir gefunden hatten, war genau

auf uns zugeschnitten und lag nördlich vom Stadtzentrum. Sie befand sich im fünfundzwanzigsten Stock, und von ihrer Südseite konnten wir den Michigan-See und das gesamte Zentrum von Chicago überblicken. Unsere Flitterwochenwohnung! Abends saßen wir meistens am Fenster und betrachteten die Millionen von glitzernden Lichtern und die Leuchtbänder des Verkehrs, der tief unter uns dahinfloss. Wenn ich die Lichterketten sah, spürte ich, wie mich das Tempo und der Rhythmus des städtischen Lebens mit Tatkraft erfüllten. Sobald das Wetter wärmer wurde, spielten wir beinahe jeden Abend im Irving Park Tennis. Das Leben war schön, und ich hatte das Gefühl, als ob ich durch eine Zaubertür mein eigenes Märchenland betreten hätte.

Da beinahe drei Jahre verstrichen waren, bis Frank und ich heiraten konnten, hatte ich viel Zeit gehabt, über meine Wünsche und Ziele nachzudenken. Ich war fast fünfundzwanzig, besaß einen Magistertitel und eine Stelle an der Universität. Frank hatte einen sicheren, gut bezahlten Beruf. Mir fehlte nur noch eines, um das Bild vollkommen zu machen.

So entschloss ich mich an einem warmen Maiabend, etwa drei Monate nach unserer Hochzeit, mein Glück zu wagen und Frank die Frage zu stellen, die mir am Herzen lag.

Durch die offenen Fenster wehte ein warmer Frühlingsduft herein – und mit ihm ein Hauch von Romantik. Frank würde jeden Moment nach Hause kommen. Ich hatte sein Lieblingsessen zubereitet und rückte die Kerzen und die frischen Schnittblumen so lange auf dem Tisch hin und her, bis der Rahmen vollkommen war. Als ich ihn an der Wohnungstür hörte, hatte ich gerade noch Zeit, einen schnellen Blick in den Spiegel zu werfen und kurz mein Haar glatt zu streichen. Ich kam in den Flur, als er seine Aktentasche abstellte und den Schlips löste. Er sah auf, und vor Staunen fiel ihm der Unterkiefer leicht herunter. „Hui“, meinte er lächelnd.

Wir setzten uns an den kerzenbeleuchteten Tisch, stießen mit den Gläsern an und lachten. Es war ein kleines Fest für zwei. Und von dem Moment an nahm der Abend einen wunderbaren Verlauf. Die Blumen, mein hübsches Kleid, das festliche Essen – das alles sollte Frank zeigen, wie sehr ich ihn liebte und dass ich ihm eine Freude bereiten wollte. Wenn ich nicht wegen meines Vorhabens etwas nervös gewesen wäre, hätte ich alles noch mehr genießen können. Ungefähr in der Mitte des Hauptganges hatte ich dann das Gefühl, dass der richtige Augenblick gekommen sei.

„Ich habe nachgedacht“, sagte ich gedankenverloren und legte meine Gabel auf den Teller.

„Worüber?“

„Ich habe darüber nachgedacht, was du wohl davon hältst, wenn wir eine Familie gründen.“

Franks Gabel bewegte sich mechanisch weiter. Ich nahm an, dass er über die Antwort nachdachte, und saß erwartungsvoll da. Er aß weiter. Hatte er mich nicht gehört?

„Du weißt, wie sehr ich Kinder liebe“, fuhr ich fort, „wie gerne ich eine große Familie hätte. Vielleicht vier oder fünf Kinder. Wir würden natürlich erst mal mit einem anfangen.“ Ich hielt inne und hoffte, dass ich ihm mit meinem Versuch, humorvoll zu sein, ein Lächeln abgewinnen konnte. „Ich bin genau im richtigen Alter, um Kinder zu bekommen, Frank – ich meine, vom körperlichen Standpunkt aus gesehen. Und du wirst bald dreißig. Findest du nicht auch –“

„Susan“, fiel mir Frank ins Wort. „Ich bin noch nicht bereit, Kinder zu haben.“

„Nicht bereit?“ Meine festliche Stimmung begann zu zerrinnen.

„Genau das. Noch nicht bereit.“

Nicht heute Abend, mahnte ich mich selbst zur Vorsicht. Aber ich konnte das Thema einfach nicht fallen lassen. „Aber es hat so lange gedauert, bis wir heiraten konnten. Können wir nicht zumindest schon einmal anfangen, uns über eine Familie zu unterhalten?“

„Nein.“ Die Heftigkeit seiner Antwort bekundete, dass für ihn das Thema beendet war.

„Warum?“, bohrte ich mit lauter werdender Stimme weiter. „Kannst du mir erklären, warum du dich so dagegen sträubst?“

Frank begann mir mit großem Nachdruck auseinander zu setzen, wie wichtig er es fand, für seine Kinder vernünftig sorgen zu können. Er sagte, wenn wir jetzt eine Familie gründeten, müssten wir uns möglicherweise finanziell krumm legen, und das wollte er auf gar keinen Fall. Wir würden nur Kinder haben, wenn wir genügend Geld hätten.

Meine Gefühle schwankten zwischen Sympathie für Franks aufrichtigen Wunsch, seiner Familie ein besseres Leben zu ermöglichen, und meiner eigenen Enttäuschung.

„Wirklich, Susan“, fuhr Frank fort, „ich möchte nur, dass ihr – unsere Kinder und du – alles habt, was ihr möchtet. Lass uns warten, bis ich meine eigene Gesellschaft gegründet habe. Dann wird für uns alles leichter sein.“

Wir beendeten das Essen schweigend – nicht in dem vertrauten Schweigen zweier Menschen, die sich danach sehnen, einen Abend in zärtlicher Zweisamkeit zu verbringen, sondern in einem etwas gespannten Schweigen. Als ich spät nachts noch wach neben Frank lag, der bereits schlief, mischte sich eine unaussprechliche Trauer in meine Liebe zu ihm. In Gedanken ging ich noch einmal das ganze Gespräch durch und sagte all die Dinge, die ich „hätte sagen sollen".

Wann werden wir genug Geld haben? Was bedeutet es genau, wenn man es leichter hat? Glaubst du nicht auch, dass unsere finanzielle Situation allmählich eine zu große Bedeutung einnimmt?

Als ich endlich einschlief, mein Kopf an seinem und meine Wange an sein Haar geschmiegt, fragte ich mich, ob ich jemals in der Lage sein würde zu verstehen, was in diesem brillanten Gehirn vor sich ging. Er schien so rastlos.

Meine Sehnsucht und meine Trauer hielten auch in den nächsten Wochen an. Mir war nicht bewusst geworden, wie unterschiedlich wir über Kinder dachten. Aber ich wusste nun, dass ich ihn nicht weiter drängen durfte. Ich nahm mir vor, nicht schwanger zu werden, bevor Frank und ich uns über den Zeitpunkt einig waren. Ich kannte zu viele Ehepaare, die versucht hatten, durch ein Kind ihre Ehe zu kitten und sich dann vor dem Scheidungsrichter eingefunden hatten, um zusätzlich zur Scheidung noch um das Sorgerecht für das Kind kämpfen zu müssen. Und da Frank als der Vater des Kindes die finanzielle Verantwortung während der Zeit der Kindererziehung zu tragen haben würde, wäre das ihm gegenüber nicht fair.

4. Der Traum zerbricht

Als sich der herrliche Sommer 1972 einstellte, hielt ich es für das Beste, meine Ausbildung fortzusetzen, um mich weiter zu qualifizieren. Da ich vorerst also keine Kinder bekommen würde, konnte ich ebenso gut die Gelegenheit nutzen, um mich auf mein späteres berufliches Leben vorzubereiten. Obwohl ich die feste Absicht hatte, mich ganz und gar meinen Kindern zu widmen, wenn sie erst einmal da waren, wollte ich doch wieder ins Berufsleben eintreten, sobald sie schulpflichtig waren. Nur mit einem Magistertitel würde ich allerdings wenig Chancen haben. Und so begann ich mich im Herbst für die Doktorandenkurse in Beratender Psychologie zu interessieren, die an den Universitäten in der Umgebung Chicagos angeboten wurden.

Den ganzen Winter über stellte ich mich an verschiedenen Universitäten vor und schrieb Bewerbungen. Drei Universitäten lagen in unmittelbarer Nähe und zwei in Entfernungen, die es mir erlauben würden, zum Wochenende nach Hause zu fahren. Allerdings waren die Vorstellungsgespräche so umfassend und die Bewerbungsverfahren so anspruchsvoll, dass ich mich manchmal fragte, ob ich den Studiengang überhaupt schaffen würde, wenn ich schon bei der Bewerbung so schwer zu kämpfen hatte. Nachdem ich bei vielen Professoren vorgesprochen hatte, stand für mich fest, dass meine erste Wahl auf die Universität fiel, die nördlich von Chicago in Evanston liegt. Sowohl die Fakultät als auch der fundierte Lehrplan, den ich während des Vorstellungsgesprächs kennen lernte, beeindruckten mich mehr als alles, was ich bisher auf diesem Gebiet angetroffen hatte. So schickte ich also meine Bewerbung dorthin und wartete voller Spannung auf die Benachrichtigung.

Im März, kurz nachdem Frank und ich unseren ersten Hochzeitstag gefeiert hatten, fand ich im Briefkasten einen Brief der Universität von Evanston vor. Zunächst traute ich mich nicht, ihn zu öffnen. Als ich ihn dann schließlich doch in einem Anfall von Mut aufriss, las ich auf dem einzigen Briefbogen die Zeilen:

„Liebe Susan! Wir freuen uns, Ihnen mitteilen zu können, dass Ihre Bewerbung angenommen ist ...“

Ich schrie so laut auf, dass ich dachte, meine Wohnungsnachbarn würden die Polizei rufen. Diese Benachrichtigung bedeutete für mich den Eintritt in eine völlig neue Lebensphase. Ich las die kurze Mitteilung wieder und wieder. Aber wie groß die Wende tatsächlich sein würde, konnte ich zu der Zeit noch nicht ahnen.

Als Frank an diesem Abend nach Hause kam, war ich zu aufgeregt, um mich nach dem großen Kohleabkommen zu erkundigen, mit dem er sich neuerdings beschäftigte. Eigentlich hatte ich vorgehabt, ihm meinen Brief beim Essen zu zeigen, aber meine Aufregung ließ sich offensichtlich nicht verheimlichen.

„Na“, sagte Frank mit einem Grinsen, das sein Misstrauen nicht verhehlen konnte, „worüber lächelst du?“

„Ach, über nichts“, entgegnete ich ausweichend. „Das erzähle ich dir später.“

„Nun mach schon“, meinte er neugierig und ließ seine Mappe auf einen Stuhl fallen. „Was ist los?“

Jetzt war ich nicht mehr zu bremsen. Mitten auf

dem Wohnzimmerteppich begann ich wieder die kleine Gigue zu tanzen – unser ganz persönliches Zeichen dafür, dass etwas Fantastisches im Gange war.

„Susan ...? Was in aller Welt –"

Ohne meinen Tanz zu unterbrechen, zog ich den Brief aus meiner Hosentasche und trällerte: „Du stehst vor der zukünftigen Frau Dr. Susan Stanford Kelly. Die Uni hat mich angenommen!"

„Super!", jubelte Frank. „Absolut super. Du hast es verdient."

Er ging zum Weinständer und holte eine Flasche Sekt heraus. Ich hielt in meinem Tanz inne und wurde ernst. „Und was ist, wenn sich herausstellt, dass das Ganze zu schwierig für mich ist?"

Aber nichts konnte Frank in seiner Entschlossenheit zu feiern aufhalten. „Unsinn. Du bist die intelligenteste und hübscheste Doktorandin, die sie je haben werden. Ich sag dir, du hast ein wahnsinniges Glück." In den folgenden zwei Stunden sprach er mir weiter Mut zu, indem er mir sagte, wie stolz er darauf sei, eine so intelligente Frau zu haben. Er stand voll und ganz hinter mir. Seine Unterstützung tat mir sehr wohl!

* * *

Der Rest des Jahres brachte eine Flut von Veränderungen mit sich.

Zunächst begann ich natürlich im Herbst meinen Doktorandenkurs. Ich fuhr täglich nach Evanston. Es war mehr als drei Jahre her, seit ich die Schulbank gedrückt hatte, aber ich war nicht so eingerostet, wie ich anfangs befürchtet hatte. Denn weder die wissenschaftliche Arbeit noch das Abfassen von Texten bereiteten mir besondere Schwierigkeiten.

Ja, es war für mich selbst überraschend, dass meine allerersten Arbeiten und Tests mit den höchsten Noten zensiert wurden. Darüber hinaus erhielt ich von meinen Professoren sehr viel Unterstützung. Mehr war nicht nötig, um meine unbegründete Sorge zu zerstreuen, dass das Studium zu schwierig für mich sein könne.

Ich lernte auch neue Freunde kennen, so z. B. Laura, mit der zusammen ich die meisten meiner Seminare besuchte und die mir mit ihren strahlenden Augen sehr sympathisch war. Ihre Sanftheit zog mich an. Für meine Begriffe würde sie eine hervorragende Beraterin werden. Besonders erstaunte mich ihre Fähigkeit, sich für andere Menschen zu interessieren, obwohl sie gerade im Begriff war, sich von ihrem Mann zu trennen. Ich wusste, dass sie darunter litt, und dennoch machte sie auf mich den Eindruck, als ließe sie sich nicht unterkriegen. Die vielen Mittagsstunden, die wir zusammen verbrachten, bedeuteten mir sehr viel.

An den Abenden oder den Wochenenden vergrub ich mich in der Bibliothek in meine Arbeit oder saß, was etwas seltener vorkam, mit Frank zusammen zu Hause im Wohnzimmer, wo jeder für sich seinen Stapel von Lektüre und Aufsätzen durcharbeitete. Wir waren so beschäftigt, dass ich zunächst gar nicht merkte, wie wenig Zeit uns blieb, um über unsere abweichenden Interessen zu sprechen.

Eine weitere gravierende Veränderung in unserem Lebensstil trat ein, als Frank und ich unser erstes Haus kauften. Wir waren der Ansicht, dass es an der Zeit sei, die Stadt zu verlassen und wieder die ländliche Lebensweise aufzunehmen, die wir beide so liebten. So kauften wir in einem Städtchen ungefähr sechsundfünfzig Kilometer nördlich von Chicago ein Haus, zu dem noch ein hübsches, abgeschlossenes Stück Land gehörte.

Das Haus lag an einer ruhigen Landstraße inmitten eines zwanzigtausend Quadratmeter großen Grundstückes, das von Büschen und Laubwäldern umgeben war. Die lange Zufahrt zum Haus führte durch einen Wald und endete in einem Bogen vor einer Scheune mit vier Ställen. Nicht nur Haus und Grundstück eigneten sich also hervorragend dazu, Pferde zu halten, sondern auch der Umstand, dass das Grundstück an malerische Wälder und offene Felder grenzte, die zu langen, beschaulichen Ausritten einluden. Da Frank sich zunehmend für das Reiten erwärmte, beschlossen wir bald nach dem Umzug, ein weiteres Pferd zu kaufen, eine kräftige Stute, deren Körperbau zum Jagen und Springen geeignet war. Sie hieß Morning Mist und hatte die stattliche Größe von 1,78 m Schulterhöhe. Sie war von einem wunderschönen Stahlgrau und hatte eine Blesse auf der Nase.

Als wir das Haus kauften, hatte ich gehofft, dass es zu einem Refugium werden würde, in dem Frank und ich einfach unsere Zweisamkeit genießen konnten. Denn nach dem hektischen Leben, das wir beide geführt hatten, freute ich mich darauf, endlich ein paar ruhige Stunden mit ihm allein verbringen zu können. Ich malte mir aus, wie wir im Frühherbst durch taufeuchte Morgenwälder reiten würden. Die Blätter würden unter den Hufen der Pferde rascheln, und wir würden irgendwo Rast machen und picknicken und Augenblicke der Zärtlichkeit erleben.

Vielleicht war ich zu romantisch oder hatte „immer noch nicht die Flitterwochen überwunden“. Denn die ersehnte Zweisamkeit war nicht von langer Dauer.

Statt uns in gemeinsamem Interesse zu verbinden, übten Haus und Pferde innerhalb weniger Monate nach unserem Umzug den gegenteiligen Effekt auf uns aus. Da Franks Beruf viele Reisen erforderlich machte, war er allzu oft die ganze Woche über nicht zu Hause. Und so kam es sehr häufig vor, dass ich mein Abendbrot etwas niedergeschlagen allein vor dem Kamin einnahm. Ich glaube, uns beiden war nicht klar gewesen, wie viel Verantwortung nötig ist, um so einen Haushalt zu führen. Außer den normalen Pflichten wie Waschen, Putzen und der Zubereitung der Mahlzeiten hatte ich in Franks Abwesenheit auch noch alles andere zu erledigen. Und da wir uns entschlossen hatten, Pferde in Pflege zu nehmen, füllten diese meinen ohnehin schon vollen Zeitplan noch mehr aus.

Schon nach wenigen Monaten nistete sich eine frostige Atmosphäre in unserem Haus ein. Zunächst war sie kaum zu spüren. Aber im Laufe der Zeit wurde sie deutlicher. Frank, der seit Monaten wegen des Kohleabkommens hin und her reisen musste, um mit den verschiedenen Gesellschaftseigentümern zu verhandeln, war beinahe jede Woche unterwegs. Obwohl ich nicht behaupten kann, dass ich eifersüchtig wurde, störte mich doch zunehmend sein unstillbarer Geschäftsdrang auf Kosten unserer Beziehung.

Wenn Frank endlich nach Hause kam, war er oft so erschöpft, dass er wenig oder gar kein Interesse an den Dingen hatte, die mein Leben an der Universität betrafen. So geschah es sehr häufig, dass er schon mit dem Rücken zu mir gewandt im Bett lag, wenn ich schlafen ging. Aber nicht nur innerhalb der Woche musste ich nachts ohne ihn auskommen. Auch an den meisten Wochenenden war er so kaputt, dass er nur noch ins Bett fiel und nach wenigen Minuten eingeschlafen war. Da lag er nun direkt neben mir und fehlte mir doch.

Meine Einsamkeit nahm zu. Aber noch mehr als die Einsamkeit machte mir zu schaffen, wie er reagierte, wenn ich ihn darum bat, mir bei der Last der im und ums Haus anfallenden Arbeiten zur Hand zu gehen. Als wir eines Samstags von einem schönen Ausritt durch die nahe gelegenen Wälder zurückkehrten, stellte ich all die Arbeiten auf einer Liste zusammen, die im Haus erledigt werden mussten, und ging damit zu Frank: „Frank, könntest du mir bitte heute Nachmittag bei den Arbeiten im Haus helfen? Ich schaffe es nicht allein."

„Susan, ich schlage dir ungern etwas ab – du weißt, dass ich versuche, am Wochenende nicht am Schreibtisch zu sitzen. Aber heute habe ich wirklich dringende Arbeiten zu erledigen, auf die ich mich konzentrieren muss."

Ich war überrascht, wie verletzt ich reagierte. „Du bist jede Woche weg, bist frei und unabhängig, während ich hier festsitze und mich um alles kümmern muss. Was ist mit mir? Was ist mit meinem Studium? Nicht genug damit, dass ich studieren muss, bis mir der Kopf raucht – übrigens habe ich in einigen Wochen meine Abschlussprüfung –, sondern es wird auch noch von mir erwartet, dass ich mich ganz allein um das Haus und die Pferde kümmere!"

„Ich trage auch meinen Teil dazu bei", gab Frank zurück.

„Was?", entgegnete ich herausfordernd. „Was tust du denn, außer dass du am Wochenende nach Hause kommst und erwartest, dass man dich bedient und dir frische Wäsche in die Kommode gelegt hat? Ich bin doch nicht deine Mutter."

Nun ging Frank zum Frontalangriff über und wurde boshaft: „Wenn ich gewusst hätte, dass dich deine Promotion zu einer Emanze machen würde, hätte ich nie meine Zustimmung dazu gegeben."

„Emanze? Was, in aller Welt –"

„Ich arbeite die ganze Woche über verdammt hart. Und wenn ich nach Hause komme, sehne ich mich nach etwas Frieden und Erholung – und du hast dann nichts Besseres zu tun, als einen Streit vom Zaun zu brechen. Das kommt bestimmt alles nur von diesen Emanzen, mit denen du immer zusammenglucksst."

„Was für Emanzen? Von welchen Leuten sprichst du überhaupt? Ich habe nicht vor, einen Streit vom Zaun zu brechen. Ich möchte nur, dass du mir etwas hilfst. Es kann doch nicht alles nur auf meinen Schultern ruhen!"

Es war zu spät, um unser Gespräch wieder in ruhigere Bahnen zu lenken. Ich verstand nicht, was Frank mit seinen Anschuldigungen meinte, und die eigentlichen Probleme hatten wir ohnehin unter unserer Emotionalität verdrängt. Frank verschwand im Haus und überließ es mir, für beide Pferde zu sorgen.

Später machten wir uns eine Kanne Tee und versuchten das Geschehene wieder gutzumachen. Wir gaben beide zu, dass wir wegen unseres hektischen Lebens im Augenblick ein ziemlich zartes Nervenkostüm hatten. Aber selbst als wir uns beide wegen der harten Worte entschuldigten, die gefallen waren, blieb bei mir ein fader Nachgeschmack zurück. Als sei verfaultes Holz mit weißer Farbe übertüncht worden, ließ ich Frank in dem Glauben, dass alles wieder „gut" sei, obwohl ich eigentlich das Gefühl hatte, dass sich etwas ändern müsste. Aber ich wusste einfach nicht, wie ich ihn dazu bringen konnte, die Dinge aus meiner Perspektive zu sehen, ohne dass es wieder zu einem Streit eskalierte.

Als ich mich am folgenden Morgen für die Kirche fertig machte, fragte ich Frank, der gerade die Zeitung durchblätterte: „Kommst du heute Morgen mit mir zur Messe?"

Er sah kaum auf, als er erwiderte: „Heute nicht."

Es war wirklich ein Witz. Ein trauriger Witz. Ein Spielchen.

Zunächst hatten wir über Franks Antwort „heute nicht" gelacht – weil es immer hieß: „Heute nicht." Aber an jenem Morgen schmerzte es einfach.

So fuhr ich allein zur nahe gelegenen Kirche. Während der junge Priester die Messe las, eine mitreißende Predigt hielt und uns zur Kommunion einlud, waren meine Gedanken nur auf einen Punkt gerichtet. Und so betete ich, während ich vor dem Altar kniete, still für mich: *Oh Gott, bitte hilf unserer Ehe!* Ich habe das Gefühl, dass Frank und ich uns entfremden. Wir haben uns so geliebt, und plötzlich fühle ich mich so allein.

In den nächsten Monaten nahm unsere Entfremdung weiter zu. Ich hatte das Gefühl, dass Franks Interesse an dem, was mir wichtig war, immer mehr abnahm. Da ich zu Hause so wenig Bestätigung fand, suchte ich sie mehr und mehr an der Universität. So ließ ich es im Spätsommer 1974 zu, dass die Annäherungen eines Arztes von der medizinischen Fakultät weit über das Maß des Erlaubten hinausgingen. Ich fühlte mich so verletzt, dass ich nicht die Kraft hatte, seinem allzu leidenschaftlichen Interesse an mir zu widerstehen. Wir hatten eine kurze Affäre. Aber mein Herz und mein Glaube sagten mir, dass mein Verhalten falsch war. Es war ein Verstoß gegen das, was ich als das Wesen der Ehe betrachtete.

Doch in mancher Hinsicht führte mir diese Affäre auch mit überwältigender Klarheit vor Augen, wie schlimm es um meine Ehe und um meinen abwesenden Mann tatsächlich stand. Selbst meine starke Vereinsamung rechtfertigte es nicht, dass ich die Aufmerksamkeit eines anderen Mannes duldete und meinen Mann betrog. Ich musste mir einfach eingestehen, dass ich, außer in den Monaten, bevor ich von Franks erster Ehe erfahren hatte, immer krampfhaft versucht hatte, seine Liebe zu mir zu entdecken. Ich hatte oberflächliche Beweise – Worte, Versprechen, Verabredungen zum Essen, ein gemütliches Zuhause – anstelle von Dingen mit tieferer Bedeutung akzeptiert. Aber eigentlich sehnte ich mich nach seiner Zeit, nach seiner Aufmerksamkeit, nach seiner emotionalen Unterstützung und nach Vertrautheit mit ihm. Ich sehnte mich danach, dass er die Dinge, die ihm wichtig waren, zurückstellte – natürlich nicht immer, aber zumindest dann und wann – und sich mir widmete.

Als der Winter 1975 einsetzte, war die Kälte, die draußen herrschte, nur ein Sinnbild für die Leere, die ich bereits in meinem Herzen empfand. Während sich Frank voller Enthusiasmus mit einem neuen „großen Investmentabkommen“ beschäftigte, verstärkte sich der Druck, unter dem ich stand, immer mehr. Denn in diesem Semester musste ich meine Doktorarbeit abgeben und meine Forschungen einem Prüfungskomitee vortragen. Zusätzlich musste ich mich noch auf meine mündlichen und schriftlichen Prüfungen zum Semesterende vorbereiten.

Nun würde ich Franks Unterstützung mehr denn je brauchen. Ich hoffte, dass er seine Egozentrik vielleicht für eine Weile beiseite stellen würde. Doch obwohl sich meine Enttäuschung verfestigt hatte und unsere Entfremdung zu einer dauernden Spannung angewachsen war, war bis zu diesem Zeitpunkt doch nichts dem Zorn gleichgekommen, den ich empfand, als uns zum Beginn des Frühjahrs ein Schneesturm heimsuchte.

An einem Märzabend – die Sonne verschwand gerade rot glühend hinter den hoch aufgetürmten, stahlgrauen Wolken – kam ich nach Hause. Ich war erschöpft von einem langen Tag voller Seminare und den Referaten, an denen ich in der Bibliothek gearbeitet hatte. Mein Tag war so angefüllt gewesen, dass ich nicht einmal Zeit gehabt hatte, mit Laura und Daniel, einem neuen Freund, den ich in einem meiner Seminare kennen gelernt hatte, Mittag zu essen. Die Zufahrt war vereist, und zwischen den kahlen Zweigen der Bäume trieben riesige Schneeflocken. Hin und wieder wirbelte ein Windstoß die Flocken auf und ließ sie wie kleine weiße Kobolde tanzen.

Frank war zur Abwechslung einmal zu Hause, und ich stellte meinen Wagen neben seinem ab. Mit Büchern bepackt, tastete ich mich schlitternd über den Fußweg und wünschte mir, Frank hätte Salz auf die vereisten Stellen gestreut. Als ich endlich im Haus war, hängte ich meinen Parka auf und rief: „Liebling, ich bin da!"

„Hallo", begrüßte er mich. „Was gibt's zum Abendbrot?"

Ich war leicht konsterniert. „Ich weiß nicht. Ich bin seit heute Morgen um acht an der Uni gewesen."

Frank klopfte mir leicht auf die Schulter und versuchte, witzig zu sein: „Dann denk mal darüber nach, ja? Und lass es mich wissen, wenn dir was eingefallen ist."

Mürrisch ging ich in die Küche und gab mir Mühe,

mit jedem Topf, den ich aus dem Schrank zog, zu klappern. Wenn Frank auch nicht darauf achtete, so tat es mir trotzdem gut, meinem Ärger Luft zu machen. Ich hätte mich gerne hingesetzt und meine Füße hochgelegt. Aber die Wäsche und ein Stapel Bücher warteten noch auf mich. Es machte mich schon müde, wenn ich nur an die TO-DO-Liste dachte.

Während wir aßen, wurde der Wind immer stärker und trieb den Schnee über den Rasen. Als ich nach dem Essen spülte, schaltete ich das Radio ein, um etwas Gesellschaft zu haben. Zuerst hörte ich nur knackende Geräusche, aber dann: „,... starke Winde verbunden mit starkem Schneefall. In der Gegend um Chicago werden bis morgen früh mehr als ein Meter zwanzig Schnee fallen. In Höhenlagen wird noch mehr Schnee erwartet ..."

Während der Sprecher fortfuhr, den Wetterbericht herunterzuleiern, warf ich einen Blick auf den dunklen Hinterhof. Der Wind hatte bereits eine riesige Schneewehe vor der Veranda aufgetürmt. Und durch das dichte Schneetreiben konnte ich nicht einmal mehr die Bäume am Stall erkennen. Es musste etwas mit den Wagen geschehen, die immer noch auf der Zufahrt standen. Sie würden bald unter dem Schnee begraben sein.

„Frank", sagte ich und ging ins Wohnzimmer. „Es schneit immer heftiger."

Er senkte sein *Wall Street Journal* und sah mich verständnislos an. „Ja und?"

„Wenn wir die Wagen nicht in die Garage bringen, stecken sie ganz bestimmt bald im Schnee fest."

„Unsinn", murmelte er und wandte sich wieder der Zeitung zu.

„Ich habe im Radio gehört, dass wir einen Schneesturm zu erwarten haben. Wenn du mir hilfst, wird es nicht lange dauern."

„Warum machst du immer so einen Wirbel um alles, Susan? Ich lese gerade einen interessanten Artikel über die neue Gesellschaft, für die ich mich interessiere. Können die Wagen nicht warten?"

Er war ganz offensichtlich nicht bereit, sich von der Stelle zu rühren. Wütend drehte ich mich auf dem Absatz um und ging in die Diele. Ich zog meine Stiefel und meinen Parka an und ging hinaus in den Sturm.

Der Wind heulte durch die kahlen Zweige. Zwischen der Garage und den Wagen hatte sich eine Schneewehe gebildet, der ich mit einer Schaufel zu Leibe rückte. Es war schon abzusehen, dass es mich einige Mühe kosten würde, beide Wagen in die Garage zu bringen, da sich ja unter der Schneedecke auf der Zufahrt eine Eisschicht befand. Ein Wagen steckte schon im Schnee fest, und ich musste ihn mehrfach vor- und zurücksetzen – wobei ich zwischendurch noch den Motor abwürgte –, bevor er von der Stelle kam.

Da Frank jedoch meine Bitte, den Wagen Winterreifen aufziehen zu lassen, in den Wind geschlagen hatte, hafteten die Reifen nur sehr schlecht. Zweimal musste ich aussteigen und die Schneewehen beiseite schaufeln. Doch es wurde gleich wieder neuer Schnee angeweht. Schließlich stand der erste Wagen sicher in der Garage – aber von Frank noch immer keine Spur. Ich hatte gehofft, dass er nach mir sehen würde, wenn ich nicht gleich zurückkam.

Inzwischen schwitzte ich in meinem Parka, obwohl meine Handschuhe durchnässt und meine Hände erfroren waren. Meine Nase lief, und mein Schniefen wetteiferte mit dem Heulen des Windes. An den

Haarsträhnen, die unter meiner gestrickten Skimütze herausgerutscht waren, hatte sich Eis gebildet. Voller Zorn nahm ich den Schnee in Angriff, der um den zweiten Wagen lag.

Ich brauchte eine geschlagene Stunde, bis beide Wagen in der Garage standen. Und Frank hatte nicht einmal seine Nase nach draußen gesteckt – hatte nicht einmal nach mir gesehen.

Als ich die Garagentür zuknallte, überwältigte mich ein Gefühl von Trauer. Ich kniff meine Augen zu, um sie gegen den Wind zu schützen, und hielt den Atem an. Franks Egoismus war mir plötzlich zu viel. Was für einen Mann hatte ich da geheiratet? Sollte das für den Rest meines Lebens so weitergehen – dass Frank hinter seinen Millionen herjagte und ich mich wie ein Dienstbote um unser Haus kümmerte? Ich unterstützte ihn doch auch bei seiner Arbeit. Warum konnte er dann nicht im Haus seinen Beitrag leisten? Ich war es leid, immer nur schöne Worte und ein „Ich liebe dich" zu hören. Ich wollte sehen, wie diese Liebe in die Tat umgesetzt wurde.

Als ich ins Haus zurückging und Frank nicht einmal von seiner Zeitung aufsah, wäre ich am liebsten der Länge nach im Flur hingefallen, um einen Herzanfall vorzutäuschen, oder hätte gerne auf irgendeine andere Weise seine Aufmerksamkeit auf mich gelenkt. Voller Selbstmitleid nahm ich jedoch an, dass er mich wahrscheinlich gar nicht beachten, sondern nur auf dem Weg zum Kühlschrank über mich hinwegsteigen würde.

Ich ging ins Schlafzimmer und zog meine nassen Sachen aus. Gleichzeitig streifte ich endlich all die Trugbilder ab, mit denen ich unsere Beziehung verbrämt hatte – das Hirngespinst, dass wir ein nettes, glückliches, katholisches Ehepaar mit einer rosigen

Zukunft seien. Warum hatte ich mich so lange dagegen gesträubt, die Dinge so zu sehen, wie sie wirklich waren?

Lange saß ich an unserem Schlafzimmerfenster und beobachtete mit tränenverschleiertem Blick, wie sich auf den Scheiben Eis bildete. Mir wurde bewusst, was unsere Ehe war – und was sie nicht war. In meinem Inneren empfand ich noch eine größere Kälte als in dem Schnee, der mich zuvor durchnässt hatte – eine größere Kälte als je zuvor in meinem Leben.

Ich glaube, in diesem Augenblick gab ich auf. Ich hatte das Gefühl, dass ich einer Mauer aus Granit gegenüberstand – einer Mauer namens Frank. Überwältigt von Enttäuschung und Einsamkeit lag ich noch lange dort und weinte herzzerreißend.

Nachdem Frank am nächsten Morgen in aller Frühe zur Arbeit gefahren war, stand ich auf und nahm ohne zu überlegen zwei Koffer aus dem Abstellraum. Ich warf blindlings die erstbesten Sachen hinein, die mir in die Hände fielen, schleppte die Koffer nach draußen und verstaute sie im Kofferraum meines Wagens. Anschließend fuhr ich mit hämmernden Schläfen zu Lauras Wohnung. Da wir gute Freundinnen geworden waren, hoffte ich, dass ich auf sie zählen konnte.

Als sie auf mein Klopfen hin die Tür öffnete, sah sie überrascht und besorgt zugleich aus.

„Laura“, entfuhr es mir, bevor sie noch ein Wort sagen konnte, „ich muss bei dir bleiben. Ich weiß noch nicht, wie lange. Frank und ich haben uns gestritten, und ich kann so nicht weiterleben.“

Sie umarmte mich wortlos. Dann ergriff sie einen meiner Koffer und sagte: „Du kannst hier bleiben, solange es nötig ist.“

Im Laufe des Vormittags rief ich Frank in seinem

Büro an. Meine Hände zitterten, als ich das Amtszeichen hörte. Denn wie erwartet, bekam er einen Wutanfall, als ich ihm mitteilte, dass ich so lange nicht mehr zu Hause wohnen würde, bis wir wieder zueinander gefunden hätten.

„Warum gehst du nicht gleich zum Rechtsanwalt?“, schrie er. „Reiß dich doch am Riemen und mach dir klar, was du tust. Wenn du deine Doktorarbeit hinter dir hast, wirst du alles anders sehen. Ich finde es unglaublich, wie sehr du diesen Emanzenkram geschluckt hast, Susan. Du übertreibst wirklich.“

Wir verloren beide die Beherrschung und sagten Dinge, die wir nicht meinten. Als er eine Pause machte, um Atem zu schöpfen, schrie ich: „Danke für nichts!“, und knallte den Hörer derart in die Gabel, dass es ihm im Ohr wehgetan haben muss. Dann sank ich in den Sessel neben dem Telefon und weinte lange.

Obwohl ich im Augenblick noch darunter litt, ihn verlassen zu haben, dauerte es gar nicht lange, bis sich in mir ein betäubendes Gefühl der Erleichterung ausbreitete. Immerhin hatte ich nun nicht mehr die täglichen Spannungen und das eisige Schweigen zu ertragen. Frank würde eine bezahlte Kraft für die Pferde einstellen oder sie selbst versorgen müssen. Das würde ihm vielleicht klar machen, was ich alles allein bewältigt hatte.

Um nicht immer an die häusliche Misere denken zu müssen und während der letzten Phase meines Studiums etwas Abwechslung zu haben, versuchte ich, so viel Zeit wie möglich mit meinen engsten Freunden – Laura, Jenny und Daniel – zu verbringen. Mit Frank sprach ich wochenlang kaum ein Wort am Telefon. Aber bei meinen Freunden konnte ich meinen Gefühlen freien Lauf lassen. Wir lachten zusammen, sprachen unsere letzten Arbeiten durch und unterstützten uns gegenseitig, ohne ein Urteil über den anderen zu fällen.

Da Daniel und ich gemeinsam an einem Referat arbeiteten, nahmen wir häufiger auch die Mahlzeiten gemeinsam ein. Er war sehr einfühlsam, konnte schweigend zuhören und lenkte das Gespräch mit wenigen, gut gestellten Fragen. Bei seinem natürlichen Interesse für andere würde er ein großartiger Berater werden.

Als Daniel und ich an einem Aprilabend, genau drei Wochen vor meinem Rigorosum, zusammen die Bibliothek verließen, fragte er mich: „Wie wär's, wenn wir auf einen Happen in die Cafeteria gingen?"

Ich kam um vor Hunger, und so war ich einverstanden. Bei einem Sandwich sprachen wir über die Prüfungskommission, und ich gestand, dass ich Angst davor hatte, ihr gegenüberzutreten.

„Ach was", sagte er ermutigend. „Du weißt doch, dass dir nichts passieren kann. Du bist intelligent, voller Enthusiasmus und wortgewandt. Wie solltest du da durchfallen?"

Ich lachte leise und erwiderte: „Danke, Daniel. Ich weiß nicht, was ich im Moment ohne dich tun würde."

„Susan", sagte er und legte seine Hand auf meinen Arm. „Ich stehe immer hinter dir."

Als wir die Cafeteria verließen, schlug Daniel vor, mich zu Lauras Wohnung zu begleiten. Während wir durch die stillen Straßen gingen, legte er seinen Arm um meine Schultern. Unsere Körper berührten sich, und ich genoss dieses Gefühl. Ich war gefühlsmäßig zu erschöpft, um Widerstand leisten zu können. Ich ließ die Berührung zu – ja, ich war sogar froh darüber.

Bevor ich an diesem Abend einschlief, führte ich

ein kurzes Selbstgespräch, in dem ich mir sagte, dass eine Affäre mit Daniel die Probleme mit Frank nicht lösen würde. Aber die vergangenen schweren Monate hatten ihren Tribut verlangt. Ich schlief in dem Gedanken an Daniel ein.

Mitte Mai hatte ich mein Rigorosum. Obwohl Frank den Termin kannte, rief er mich nie an, um mir Glück zu wünschen. Als ich den Prüfungsraum betrat, wünschte ich, dass mein Mann draußen auf mich warten würde, während ich die wichtigsten Stunden meines Lebens durchlebte. Aber er war nicht da.

In der ersten halben Stunde war ich nur äußerlich ruhig und musste bei der Beantwortung der Fragen darauf achten, meine verschwitzten Handflächen unter dem Tisch zu verbergen. Bald war mein Adrenalinspiegel jedoch so ausgeglichen, dass wir während der nächsten anderthalb Stunden einen angeregten Dialog führen konnten. Und als die Zeit um war, reichte mir die Vorsitzende die Hand und sagte: „Herzlichen Glückwunsch, Dr. Susan Stanford Kelly."

Ich schwebte geradezu über den Boden, als ich den Prüfungsraum verließ. Ich musste einfach jemanden finden, mit dem ich diesen wundervollen Tag gemeinsam verbringen konnte. Vielleicht Laura. Doch als ich um eine Ecke bog, stieß ich beinahe mit Daniel zusammen. Er trug eine Rose in der Hand. Als sich unsere Augen trafen, lachte ich.

„Frau Doktor?", fragte er lächelnd.

„Ja!", jauchzte ich glücklich. „Ich habe mit Auszeichnung bestanden."

An diesem Abend lud Daniel mich zu einem Festessen ein. Und als ich mit ihm zusammen das schummerig beleuchtete Restaurant betrat, verdrängte ich

Frank aus meinen Gedanken. Er hatte sich in den sieben Wochen, in denen ich ihn nicht mehr gesehen hatte, nicht einmal danach erkundigt, ob alles in Ordnung sei. Er hätte mich mit einer Rose in der Hand empfangen sollen. Wenn er seine egoistischen Spielchen weiterspielen wollte, dann hatte er bei mir verspielt.

Daniel und ich rührten unser Essen kaum an. Bei leiser Musik und Kerzenlicht wiederholte ich beinahe jedes Wort der gesamten zwei Stunden des Rigorosums. Daniel hing mir buchstäblich an den Lippen. Er war so interessiert und freute sich so sehr für mich. Und als er über den Tisch hinweg meine Hand ergriff, versuchte ich erst gar nicht, gegen die Gefühle anzukämpfen, die ich für ihn empfand. Lange nachdem der Kellner aufgehört hatte, uns zu beachten, sagte Daniel schließlich: „Warum trinken wir nicht noch etwas zusammen, einfach um den Abend abzurunden?"

„Toll. Wo wollen wir hingehen?"

„Tja", meinte er, „ich wüsste schon etwas."

Irgendwo in meinem Inneren hörte ich eine leise Warnung. Natürlich war er ein netter Kerl. Natürlich war ich jetzt glücklich. Aber was war mit meiner Ehe? Doch ich hörte nicht auf diese Stimme. Er war so nah, so warm. Alles in mir sehnte sich danach, dass dieses herrliche, prickelnde Gefühl nicht aufhörte.

„Warum nicht?", erwiderte ich also lächelnd.

* * *

Den Rest des Monats Mai verbrachte ich in Daniels Gesellschaft. Frank, der inzwischen von seinen Geschäftsreisen nach Chicago zurückgekehrt war, machte sich nicht einmal die Mühe, mich anzurufen, um sich nach meinem Befinden zu erkundigen. Unterdessen unternahmen Daniel und ich Fahrradtouren, aalten uns in der milden Frühjahrswärme und genossen unsere Zweisamkeit. Der Winter war kalt und rau gewesen, und es war mir beinahe gelungen, mich davon zu überzeugen, dass ich diesen kleinen „Seitensprung“ verdient hatte.

Aber nicht ganz. Als Daniel ankündigte, dass er für den Sommer Pläne hatte, die ihn an die Westküste führen würden, war ich etwas erleichtert. Schuldbewusst überlegte ich, dass ich mich im kommenden Sommer vielleicht um eine Versöhnung mit Frank bemühen konnte. Wie kam es nur, fragte ich mich, dass ich diesen Mann unter all meinen verletzten Gefühlen und meinem Zorn immer noch so sehr liebte? Aber selbst wenn es so war, würde ein Wunder nötig sein, um unsere Beziehung zu retten.

Aber zumindest, so dachte ich, war mein emotionales Fundament jetzt fester. Da ich mit dem Studium fertig war, hatte ich mehr Zeit, mich zu entspannen – Zeit, um mich mit meiner Verwirrung, meiner Schuld, meinen verletzten Gefühlen, meiner Liebe und mit meinem Zorn auseinander zu setzen.

Zeit jedoch war genau das, was ich nicht hatte.

5. Der Eingriff

Der 14. Juni 1975 brach kühl und klar an. Das Sommerwetter war nicht rechtzeitig zur Verleihungsfeier der Universität eingetroffen. Nach zwei Jahren harter Arbeit und durchgearbeiteter Nächte sollte ich endlich den Titel *Doktor der Psychologie* erhalten. Aber nicht nur das. Zu meiner Freude hatte die Universität mir sogar eine Assistentenstelle angeboten. Welch eine Ironie des Schicksals, dass mein Privatleben über meiner Qualifikation für die Beratertätigkeit zerbrochen war! Trotzdem hätte der Tag der Titelverleihung einer meiner glücklichsten sein können, wenn ich nicht diese alarmierende Entdeckung gemacht hätte.

Im Laufe des Vormittags machte ich mich für den kurzen Weg von Lauras Wohnung zum Campus fertig. In aller Ruhe richtete ich mein Haar und holte mein Kleid aus dem Schrank, schlüpfte mit den Armen durch die Ärmel und zog es über – und zuckte leicht zusammen. Da war es wieder. Schon seit einigen Wochen merkte ich, dass meine Brust empfindlich gegen Berührungen war.

Ich spürte, wie ich mich innerlich verkrampfte. Seit ungefähr einer Woche befand ich mich in einem Zustand innerer Zerrissenheit. Einerseits sträubte sich mein Verstand dagegen, die Tage seit meiner letzten Periode zu zählen, andererseits setzte mich eine innere Stimme jeden Morgen über den genauen Stand der Dinge in Kenntnis. Denn ich war mir meines Körpers sogar noch mehr als sonst bewusst. Und mein monatlicher Zyklus war so regelmäßig wie ein Uhrwerk – *bis jetzt,* dachte ich, während ich mein Kleid zuknöpfte.

Was für ein Gegensatz zwischen meiner wachsenden Bedrücktheit und der festlichen Atmosphäre, die Evanston erfasst hatte! Die Sonne stand inzwischen hoch am Himmel, und überall an den Straßenrändern standen Wagen mit den Nummernschildern anderer Bundesstaaten. Ich fiel in Gleichschritt mit dem Strom der Fußgänger, die zum Campus unterwegs waren. Normalerweise hatte ich einen forschen Schritt. Heute jedoch waren meine Füße wie aus Blei, und ich wurde beinahe von einer molligen Frau in einem rosafarbenen Kostüm umgerannt, die sich mit einem zum Kostüm passenden Hut gegen den heftigen Wind schützte und an mir wie eine Bulldogge vorbeistürmte.

Bestimmt irgendeine Mutter, dachte ich. Meine eigenen Eltern hatte ich nicht zu der Feier geladen, weil mir klar war, dass ich ihnen mit meinem Geheimnis niemals gegenübertreten konnte. Mein Schritt verlangsamte sich, als ob ich zu einer Exekution geschleift würde und nicht zu einer Verleihungsfeier ginge.

Exekution. Ich glaube, eine Exekution wäre mir lieber gewesen, als die Scham und den Zorn auf den Gesichtern meiner Eltern sehen zu müssen, wenn sie erfuhren, was ihre Tochter sich hatte zuschulden kommen lassen. Solche Dinge passierten anderen. Wir aber waren eine „anständige" Familie. Meine Qual wühlte sich wie eine Schraube in meinen Magen. Und was war mit Frank? Er würde rasend sein. Während mir diese entsetzlichen Gedanken durch den Kopf gingen, wurde ich durch den Klang meiner gleichmäßigen, bleiernen Schritte wieder auf mein Problem gestoßen: eins

... zwei ... drei ... Wie viele Tage waren es jetzt? In welchem Stadium ...?

Wie in Trance fand ich den für mich vorgesehenen Platz im Meer der Talare. Wurde eine Rede gehalten? Ich erinnere mich an nichts. Dann standen wir alle in Reih und Glied und gingen hintereinander aufs Podium. Niemand – kein Einziger in dieser Menge oder unter meinen Freunden – wusste es. Ich war völlig allein mit dem Geheimnis in meinem Körper. Als mein Name aufgerufen wurde, trat ich vor und schüttelte dem Dekan der Universität die Hand. „Herzlichen Glückwunsch", sagte er und überreichte mir mein Diplom.

Ich lächelte starr – „danke" – und dachte: *Tja, herzlichen Glückwunsch, Susan. Du bist schwanger. Und der Vater des Kindes ist nicht dein Mann.*

Obwohl ich in der Woche nach der Feier in Depressionen versank, schaffte ich es trotzdem irgendwie, den allmorgendlichen Ablauf des Aufstehens hinter mich zu bringen und anschließend noch Sommerkurse zu geben. Im Übrigen aß ich kaum und schlief unruhig. Meine Gedanken kreisten immer und immer wieder um dieselbe Sache, bis mir der Kopf schmerzte.

Drei Jahre lang hatte ich mir sehnlichst ein Kind gewünscht – aber nicht auf diese Weise. Es war völlig unmöglich, dass ich Frank vortäuschen konnte, dass das Kind von ihm sei. Ich war zu lange von ihm getrennt gewesen, und er war schließlich kein Dummkopf. Wie sehnte ich mich danach, wieder zu Hause zu sein und in seine Arme sinken zu können. Eine Affäre gestehen zu müssen, wäre schlimm genug gewesen – aber ihm zu sagen, dass ich mit dem Kind eines anderen schwanger war ... Trotz des unbewältigten Zornes, den ich Frank gegenüber empfand, konnte ich ihm das niemals antun.

So nahm allmählich die Frage Gestalt an: *Was soll ich dann tun?* Ich war nicht in der Lage, Alternativen zu durchdenken, zumindest nicht am Anfang. Obwohl ich in meinem Körper unaufhaltsam Veränderungen wahrnahm, blieb meine innere Zerrissenheit bestehen. Wie viel Zeit war inzwischen verstrichen? Drei Wochen – vier? Ich zählte und versuchte herauszufinden, wie alt ...

Das war das Schlimmste an der Sache. Ich konnte mich nicht überwinden, mir das „Ding“, das in meinem Körper wuchs, als Baby vorzustellen. Babys waren Lebewesen, hatten eine Seele, eine rosige Haut und einen milchigen Atem, zehn kleine Fingerchen und zehn kleine ... Wann immer solche Bilder in mir aufstiegen, blockte ich meine Gedanken und Gefühle rigoros ab. Ich konnte nicht zulassen, dass ich für diese – Ansammlung von Zellen etwas empfand. Denn das war es ja schließlich nur. Gewebe. Dieses Wort war neutral, betäubend.

Irgendwann – ich erinnere mich nicht mehr, wann – hatte ich dann das Gefühl, dass dieses unerwünschte Gewebe aus meinem Körper entfernt werden müsse. In solchen Augenblicken nahm ich das Telefonbuch zur Hand, suchte die Nummer der Klinik heraus und griff nach dem Hörer. Dann jedoch erstarrte meine Hand.

Eine Welle der Qual brach über meine Erstarrung herein. Als Katholikin war ich zu dem Glauben erzogen worden, dass alles Leben heilig ist, dass Kinder ein Segen Gottes und eine Krönung der Ehe sind. Aber selbst wenn ich außerhalb der Ehe schwanger geworden war, gab mir dies nicht das Recht zu ... töten? Zu morden?

Was war ich im Begriff zu tun? *Meine Ehe retten,*

sagte ich mir kläglich. *Dies ist der einzige Weg. Du bist in einer Krise, Susan. Du musst irgendetwas tun.*

Selbst bei solchen Gedanken zog ich meine Hand immer wieder vom Hörer zurück. Meine Entschlusslosigkeit zermürbte mich. Mein Zögern machte die Angelegenheit nur noch schlimmer. Nichts konnte das Wachstum, die Entwicklung des Gewebes in mir aufhalten. Es war, als ob ich wüsste, dass ein bösartiger Tumor in mir wuchs, gegen den ich nichts zu tun vermochte. Schließlich konnte ich den Druck nicht mehr ertragen. Ich legte meine Hand auf das Telefon, und dann führte die Hand den Hörer tatsächlich zum Ohr.

Ich wählte die Nummer der Klinik und hörte das Amtszeichen. Ich weiß nicht, was ich erwartet hatte, aber ich war jedenfalls erleichtert, dass die Stimme der Sekretärin freundlich klang.

„Ich glaube, ich bin schwanger“, begann ich unbeholfen.

„Sie glauben, dass Sie schwanger sind? Möchten Sie herkommen und einen Test machen lassen?“

„Nein, ich bin schwanger“, stellte ich richtig. „Und ich möchte gerne einen diesbezüglichen Termin haben.“ Ich konnte mich nicht überwinden, das Wort Abtreibung zu gebrauchen. Ich hörte das Rascheln von Papier, während die Sekretärin ihren Terminkalender durchblätterte. Ich konnte immer noch auflegen.

„Den ersten freien Termin haben wir am Dienstag, 1. Juli. Wir können Sie für neun Uhr vormerken. Wie wäre das?“

Ich geriet in Panik. Das war erst in zehn Tagen. Nun, da ich meine Entscheidung getroffen hatte, wollte ich die Sache so schnell wie möglich hinter mich bringen. Die Schwangerschaft durfte keinen Tag länger dauern. „Haben Sie keinen früheren Termin mehr frei?", fragte ich mit bebender Stimme.

„Es tut mir Leid", fuhr die Sekretärin in ihrem freundlichen Ton fort. „Wir sind ziemlich ausgebucht."

Ich versuchte meiner Stimme einen festen Klang zu geben, als ich mich schließlich bereit erklärte, den Termin anzunehmen. Als sie nach meinem Namen fragte, wollte mein eigener Name einfach nicht heraus. Ich bemühte mich, so glaubwürdig wie möglich zu klingen, als ich angab, mein Name sei Sarah Wagner.

„In Ordnung, Mrs Wagner", erwiderte die Sekretärin, und ich konnte nicht sagen, ob sie mir glaubte oder ob ich die zehnte Sarah Wagner war, die in dieser Woche anrief.

Mir war es völlig egal, ob sie mich für eine Lügnerin hielt. Anschließend ging ich in mein Zimmer, warf mich aufs Bett und weinte.

Zehn Tage lang war ich hin und her gerissen, ob ich den „Eingriff" vornehmen lassen sollte oder nicht. Selbst am Morgen des ersten Juli, an diesem kalten, regnerischen Tag, war ich noch immer zu keiner eindeutigen Entscheidung gekommen und noch immer nicht in der Lage, mich davon zu überzeugen, dass „es das Beste unter den gegebenen Umständen" war. Allein die Tatsache, dass ich meine Gefühle völlig abgeblockt hatte, gab mir die Kraft, an jenem Morgen in die Klinik zu fahren und das Formular mit „Sarah Wagner" zu unterschreiben, in dem ich den Arzt praktisch bat, mein Kind abzutreiben.

Bis zu dem Moment, in dem mich die sympathische Klinikberaterin fragte, ob ich bereit sei, den „Eingriff" vornehmen zu lassen, hatte ich all meine Gefühle erfolgreich unterdrückt. Dass ich in dem

Augenblick zusammenbrach, dass ich weinte, als solle ich meine Seele verlieren, hätte mich auf die emotionale Gefahr hinweisen sollen, in der ich mich befand. Aber ich konnte nicht über den Augenblick hinausdenken, über den Augenblick, in dem der „Eingriff" überstanden war und ich die Klinik wieder verlassen konnte.

Als die Schwester kam, um mich abzuholen, hatte ich ein weißes Krankenhaushemd an. Ich verschwand in seiner weiten Formlosigkeit. Susan oder Sarah Wagner – das war fast einerlei. Von diesem Augenblick an war es mir sogar egal, was mit mir geschah.

Während wir über den stillen Flur gingen, warf ich einen kurzen Blick auf das Gesicht der Schwester. Sie sah gelangweilt aus oder mürrisch und hatte wahrscheinlich kein Interesse an einem Gespräch. Das war mir nur recht. Trotzdem konnte ich nicht umhin zu denken, dass ich plötzlich nur noch eine Nummer, Teil einer Routine war.

Sie führte mich in einen kleinen Raum, der den gynäkologischen Untersuchungszimmern glich, in denen ich früher zu Routineuntersuchungen gewesen war. Es roch stark nach Desinfektionsmitteln. Auf der einen Seite befand sich ein Tisch mit verschiedenen medizinischen Instrumenten und Verbandsmull. Aber ich erlaubte mir nicht, den Anblick zu registrieren.

„Legen Sie sich bitte hin", sagte die Schwester, nicht mürrisch, sondern so, als sei ich ein Kind. „Der Doktor kommt gleich."

Ich legte mich auf den schmalen Tisch, an dessen unterem Ende sich Steigbügel befanden. Dann lag ich eine Zeit lang da und starrte die Decke an. *Denk nicht nach. Nur keine Gefühle,* sagte ich mir immer wieder. *Sei jetzt stark, damit du da durchkommst. Bleib hier, und dann hast du's bald hinter dir. Sei stark.*

Kurze Zeit später ging die Tür auf, und ich wandte mein Gesicht dem eintretenden Arzt zu. Er war hoch gewachsen und grauhaarig, wahrscheinlich Anfang vierzig.

Er begrüßte mich mit einem „Guten Tag“, als ob wir zum Nachmittagskaffee ausgehen wollten. „Ich werde Ihnen den Eingriff zunächst erklären“ – da war wieder dieses verschleiernde Wort –, „bevor ich ihn vornehme. Die ganze Angelegenheit wird ungefähr zwanzig Minuten dauern.“

Ich nickte. Ich konnte nicht sprechen, aus Angst, vielleicht wieder in Tränen auszubrechen wie vor einer Viertelstunde in Julias Büro. Er erklärte mir, dass er einen dünnen Schlauch in die Scheide und durch den Muttermund in die Gebärmutter einführen würde. Der Schlauch sei an eine Maschine angeschlossen, mit deren Hilfe die Zellansammlung vollständig aus der Gebärmutter abgesaugt und entfernt würde. „Sie werden dabei Schmerzen haben“, warnte er mich. „Lassen Sie es mich wissen, wenn sie zu stark werden.“

Wieder nickte ich wortlos.

Dann ging er zum unteren Ende des Tisches und wies mich an, meine Füße in die Steigbügel zu legen. Unterdessen war die Schwester hereingekommen. Er flüsterte ihr etwas zu und wandte sich dann wieder an mich. „Versuchen Sie sich zu entspannen“, sagte er. Was für eine unglaubliche Aufforderung! Wie sollte man sich in solch einer Situation entspannen?

Ich spürte, wie der Schlauch eingeführt wurde, dann ein Brennen, das schlagartig in heftigen Schmerz überging. Mein ganzer Unterleib war ein einziger höllischer Schmerz. Ich ballte die Fäuste, biss die Zähne zusammen und nahm mir fest vor, den Schmerz ohne Schreien zu ertragen. Für die Dauer einiger Minuten hörte ich, wie der Arzt hin und her ging. Auf meiner Oberlippe und meiner Stirn bildeten sich Schweißperlen.

Schließlich sagte er: „Ich stelle jetzt die Maschine an. In ein paar Minuten ist alles vorüber."

In ein paar Minuten. Vorüber. Konnte ich es noch so lange aushalten? Nun gab es kein Zurück mehr.

Plötzlich begann die Maschine mit einem dumpfen saugenden Geräusch zu summen. Mein Unterleib verkrampfte sich, und der Schmerz in der Gebärmutter war beinahe unerträglich. Das durchdringende Motorengeräusch der Maschine hörte und hörte nicht auf. Mein Atem ging so flach und keuchend, dass ich dachte, ich würde hyperventilieren. Ich biss mich auf die Lippe und versuchte irgendeine Stelle in einem entfernten Winkel meines Gehirns zu finden, wo ich mich vor dem Schmerz verstecken konnte. *Nicht denken, nicht denken, nicht denken ...*

Als ich dachte, dass ich den Schmerz und das Geräusch der Maschine keinen Augenblick länger ertragen konnte, verstummte das Geräusch plötzlich. In der Stille, die darauf folgte, durchfuhr mich eine Art Elektroschock – ein ungläubiges Staunen über das, was ich gerade getan hatte. Wenn es mir nur gelang, an dem Gedanken festzuhalten, dass sich noch nichts entwickelt hatte ...

„Das war's", verkündete der Arzt. „Es ist überstanden."

Als die Schwester ihm eine Frage stellte, hörte ich ganz deutlich, wie er sagte: „Ach, ich würde sagen, so sechs bis sieben Wochen."

Ich fuhr auf. *Sechs bis sieben Wochen?* Ich hatte keine Ahnung, ob das Kind, das wir gerade abgetrieben hatten, tatsächlich schon so alt gewesen sein konnte.

Möglich war es durchaus. Ich hatte nur nicht damit gerechnet. Solange es mir gelungen war, es als eine Ansammlung von Zellen zu betrachten, war es nicht ganz so furchtbar gewesen. Warum hatte ich diese Bemerkung hören müssen?

Der Arzt drückte mir den Arm. „Es ist alles in Ordnung. Sie werden jetzt in den Ruheraum gebracht, wo Sie sich ein paar Stunden ausruhen können. Dann dürfen Sie nach Hause."

Ich nickte. Nun, da mein Gehirn arbeitete, hatte die Qual begonnen.

Als der Arzt gegangen war, schob mich die Schwester durch den Flur, ohne dass sich ihre nüchterne Art geändert hatte. Mein Bett wurde in den zur Erholung bestimmten Bereich gebracht, einen großen Raum, der im Anstaltsgrün gestrichen war. Dort ließ mich die Schwester wortlos stehen, während das Quietschen ihrer Kreppsohlen allmählich in der Stille verhallte.

Stille. Da lag ich nun bebend und dachte nach. *Sechs oder sieben Wochen.* Ich hatte in Büchern Bilder von Kindern im Mutterleib gesehen. In diesem Stadium hat der Embryo bereits menschliche Formen angenommen – das Herz hat begonnen zu schlagen, und er hat Finger und Zehen. Was hatte ich getan?

Nur die Ankunft der Schwester, die ein Bett mit einer weiteren Patientin hereinschob, verhinderte, dass diese Frage in einem Schrei aus mir herausbrach. Die Frau war von zierlicher Gestalt und hatte kurzes, sandfarbenes Haar. Ihre Gesichtszüge waren scharf und koboldartig. Sie hatte etwas Berechnendes an sich. Etwas Hartes.

Sobald die Schwester gegangen war, sah mich die Frau mit einem säuerlichen Lächeln an. „Das ist den Spaß wirklich nicht wert!"

Ganz bestimmt nicht, dachte ich, aber ich konnte nicht antworten.

Das war auch gar nicht nötig. Denn für die nächsten zehn Minuten stand ihr Mund nicht still. Der Raum war erfüllt von ihren lauten Worten. Ohne Unterlass sprach sie davon, dass sie in Zukunft bei der Schwangerschaftsverhütung vorsichtiger sein müsse. Sie werde den Kerl, der ihr „das angetan" hatte, schon kriegen. Ich wollte mich abwenden; aufstehen und weglaufen. Nur weg von diesem erbärmlichen Redeschwall.

Schließlich richtete sie einen vernünftigen Satz direkt an mich: „Ist das Ihr erstes Mal?"

„Ja", erwiderte ich steif. Ich wollte kein Gespräch – nicht jetzt und ganz bestimmt nicht mit ihr.

„Tja, das ist mein viertes", verkündete sie. „Und es wird nie besser."

Das vierte Mal. Wie konnte das jemand viermal überstehen? Ich sah sie an und empfand plötzlich Mitleid mit ihr. Während ich dadurch in die Abgründe meines Seins hinabgerissen wurde, war sie hart geworden.

Ich hatte keine Kraft mehr, um auf sie zuzugehen. Meine Promotion und all meine Qualifikationen als Beraterin waren in diesem Augenblick nutzlos. Meine ganze Kraft war einzig und allein darauf gerichtet, die Vorgänge in meinem Inneren zu überleben.

Während der folgenden anderthalb Stunden erholte sich mein Körper langsam von den Schmerzen und dem Schock, die mir die Absaugmaschine zugefügt hatte. Meine Psyche jedoch nicht. Julia, die Beraterin, hatte mich davor gewarnt, dass ich ein Gefühl des Verlustes empfinden würde. Aber was ich jetzt empfand, war Leere. Trostlosigkeit. Oder etwas noch Schlimmeres, für das es keinen Ausdruck gibt. Ich hatte einmal eine Persönlichkeit, ein Leben, eine Seele besessen. Nun war ich nur noch ein Körper, dessen Inneres zerbrochen war. Es war dieses Gefühl der Zerstörung, dessen ich nicht Herr wurde.

Abgesehen von der Abtreibung, hatte mir nichts Schlimmeres passieren können, als dieser Blondine mit ihren vulgären Reden zu begegnen. Denn in meinen Augen verkörperte sie das, was mir Angst machte: Sie war wie die Ruine eines schönen Porträts. Zwar hatte jemand versucht, es notdürftig zu flicken und zu retuschieren, doch seine ihm ursprünglich eigene Schönheit war für immer verloren. Und ich war nun genauso zerstört worden.

Nach einer weiteren Stunde kam die Schwester wieder, um nach mir zu sehen. Sie sagte, ich könne aufstehen und nach Hause gehen. Nun konnte ich zwar dieser Blondine entkommen, aber nicht mir selbst. Als ich mich anzog, hatte ich das Gefühl, dass ich eine Schaufensterpuppe ankleidete. Arme und Beine gehörten nicht mir, sondern einer Fremden.

Als ich zum Ausgang der Klinik ging, musste ich an Julias Büro vorbei. Sie schaute von ihrem Papierstapel auf. „Wie geht es Ihnen, Sarah?"

Schrecklich.

Ich nickte und ging weiter.

Ich weiß nicht, was aus meinem Mund gekommen wäre, wenn ich ihn geöffnet hätte. Zu wenig war von meinem wahren Ich übrig geblieben.

6. Trostlosigkeit

Als ich am Mittwochmorgen, dem Tag nach der Abtreibung, erwachte, hatte ich das beängstigende Gefühl, keine Beziehung zu meinem Inneren, zu meinen Empfindungen mehr zu haben. Die Sonne, die durch mein Schlafzimmerfenster drang, fiel auf eine Haut, die mir kein Gefühl mehr vermittelte; im Zimmer war es warm und hell, aber ich selbst war kalt und dunkel. Ich empfand keinen Schmerz in meinem Inneren – und doch war er da, hatte sich wie ein Behälter mit einer tintenschwarzen Flüssigkeit in einem entlegenen Teil meines Herzens festgesetzt. Ich konnte nach Belieben hineinschauen oder ihn ignorieren.

Ich stand auf und ging ins Badezimmer, um mich zu duschen. *Ob ich wohl Schmerz empfinden werde, wenn ich das Wasser ganz heiß stelle?*, fragte ich mich.

Beim Abtrocknen nach dem Duschen kribbelte meine Haut, als wären mir Arme und Beine eingeschlafen. Meine Schultermuskulatur schmerzte. *Wein doch! Wein doch! Wein doch!*, befahl ich mir. Aber nichts geschah.

Ich empfand fast ein Gefühl des Ekels, während ich dieselben Handgriffe verrichtete wie sonst auch. Ich griff blindlings in meinen Schrank, um etwas zum Anziehen herauszuholen. In der Küche begrüßte mich Laura mit einem fröhlichen Lächeln – einem verhaltenen fröhlichen Lächeln. Ich wechselte irgendein paar belanglose, situationsgerechte Worte mit ihr und ging dann zu einer meiner Veranstaltungen an der Universität. Während ich dorthin fuhr, merkte ich, dass das Leben der Menschen wie gewöhnlich ablief, und ich fragte mich, warum die Welt nicht aufhörte, sich zu drehen. Meine persönliche Tragödie erschien mir unermesslich.

Irgendein Verantwortungsgefühl zwang jedoch meine Beine, mich in den Vorlesungssaal zu tragen, wo die Studenten darauf warteten, „Wissen“ von mir vermittelt zu bekommen. Das Thema hieß „Beratungstheorien“. Ich würde mich dazu zwingen, vor ihnen als Expertin zu agieren. *Lass dir nicht anmerken, dass etwas nicht stimmt,* befahl ich mir. *Tu, was du immer getan hast. Alles hängt davon ab, ob du deine Gefühle unterdrücken kannst.*

Ich weiß nicht, ob ich es geschafft hätte, die Maskerade aufrechtzuerhalten, wenn mir das Thema weniger vertraut gewesen wäre. Aber da ich den Stoff so gut beherrschte, brauchte ich mich zu Beginn der Vorlesung nur an meine Unterlagen zu halten, und dann lief alles wie von selbst. Eine zweite Vorlesung folgte, und wieder kam ich mir vor wie ein eingeschalteter Kassettenrekorder.

In meiner Mittagspause ging ich in die Cafeteria und kaufte mir ein Sandwich. Ich hatte zwar keinen Appetit, aber mit dem Imbiss in der Hand konnte ich unauffällig an die Peripherie des Universitätsgeländes gehen und mich an den See setzen. Ich musste allein sein, um mich auf den weiteren Ansturm von Gesichtern, Fragen und noch einer Vorlesung vorzubereiten, die an diesem Tag noch auf mich zukommen würden. Warum zwang ich mich überhaupt, meinen normalen Lebensrhythmus beizubehalten? *Weil es deine eigene Schuld ist, dass du solchen Schmerz empfindest. Und weil du deinen Verpflichtungen nachkommen musst.*

Aber ich glaube, am meisten fürchtete ich mich davor, mit mir allein zu sein.

Am Nachmittag ging ich wieder in den Vorlesungssaal. Während sich die Studenten allmählich einfanden, blätterte ich noch in meinen Unterlagen. Dann hielt ich zum dritten Mal an diesem Tag eine Vorlesung. Aber auf einmal kostete mich dies eine ungeheure Anstrengung. Ich las praktisch nur noch meine Notizen vor. Mir war, als befände ich mich in einer Prüfung. Kritische Augen musterten jede meiner Bewegungen und kleinsten Gesten – lasen meine „Körpersprache“.

Was wohl mit ihr los ist?

Sie ist nicht wiederzuerkennen.

Meine Maske versagte ihren Dienst. Mein Magen krampfte sich vor Verzweiflung zusammen. Ganz tief in meinem Inneren hörte ich einen Schrei. Meine Vorlesung geriet ins Stocken. Meine Notizen waren das reinste Chaos. Unbrauchbar. Ich hielt mich am Katheder fest, weil ich das Gefühl hatte, dass sich der Boden hob. Um mich herum fragende Blicke.

Oh Gott, hilf mir! Doch mein Gebet, das wie ein zarter Ballon zum Himmel stieg, wurde sofort von der Anklage niedergeknüppelt: *Beten? Jetzt? Nach dem, was ich getan hatte ...?*

Ich holte tief Luft. Dann merkte ich, dass die Köpfe über die Notizbücher gebeugt waren und mich niemand prüfend ansah. Keiner wusste etwas. Dieser erleichternde Gedanke war der Strohhalm, den ich brauchte, um wieder Halt zu finden. Mit meiner letzten psychischen Kraft schaffte ich es, mich wieder aus der Tiefe zu winden und die Vorlesung bis zum Ende durchzuhalten.

Ich weiß wirklich nicht, wie ich die nächsten Tage überstanden habe. Vielleicht nur durch meine Betäubung. Vielleicht auch, weil meine Freunde spürten, dass etwas nicht stimmte, und mich deshalb mit liebevoller Aufmerksamkeit umgaben – soweit ich das zuließ. Laura war voller Wärme und Mütterlichkeit, aber nicht erdrückend. Und Jenny schien meine Qualen zu spüren. Jenny war überhaupt eine interessante Persönlichkeit. Sie besaß eine große „Ausstrahlung".

Ich wusste, dass sie Christin war. Eigentlich bekannte sie sich erst seit relativ kurzer Zeit zum Christentum, aber sie führte dieses Bekenntnis nicht ständig im Mund wie andere Studenten, die ich an den Universitäten kennen gelernt hatte. Sie hielt nie Predigten, obwohl sie andererseits ihren Glauben auch nie verheimlichte. Das Auffallendste an ihr war, dass sie sich für Menschen als Menschen interessierte. Ihre Augen strahlten Wärme aus. Sie sah mich an, als wollte sie sagen, dass sie mich annahm, ganz egal, was vorgefallen war.

Der Rest der Woche war eine Übung in Überlebenstraining. Als ich am Freitagnachmittag aus der Stadt fuhr, fühlte ich mich, als ob ich durch eine Mangel gedreht worden sei. Am Donnerstag hatte ich einen kurzen Anruf von Frank erhalten, in dem er mir mitteilte, dass er am Wochenende geschäftlich verreisen müsse. Sein Stallbursche hatte keine Zeit, und jemand musste sich um die Pferde kümmern. Nachdem ich die ganze Woche lang Studenten und Freunden gegenüber eine Maske zur Schau getragen hatte, war der Gedanke, nach Hause zu fahren und mich allein in der Einsamkeit der sommerlichen Felder und Wälder aufhalten zu können, eine willkommene Zuflucht für mich. Ich konnte ja wieder abfahren, bevor Frank am Sonntag zurückkehrte, und auf diese Weise jeglicher Auseinandersetzung über meine endgültige Rückkehr nach Hause aus dem Wege gehen. So hatte ich mich also bereit erklärt, mich um das Haus zu kümmern.

Am Samstagmorgen stand ich früh auf, zog mich an und ging zum Stall. Es war ein trüber Julimorgen. Im Stall empfing mich der berauschende vertraute Geruch von Heu und Pferdemist. Die Tage meiner Kindheit kamen mir flüchtig in den Sinn. Einfachere Tage. Doch es waren heitere Erinnerungen, keine, die den Modergeruch der Nostalgie angesetzt hatten. Ich füllte die Futtereimer für die Pferde, die wir in Pflege hatten, und ging dann zu Morning Mists Box. Seit Gray Dawns Tod bedeutete sie mir noch mehr.

Auf meinen Gruß hin wandte sie mir ihren riesigen grauen Kopf zu und wieherte leise. Ein Sonnenstrahl, der durch einen Spalt hereinfiel, brachte die Blesse auf ihrer Nase zum Leuchten. Ich ließ meine Hand über ihren Körper gleiten, ging in ihre Box und so dicht an sie heran, dass ihre klaren braunen Augen direkt in meine schauten. Sie stupste meine Hand an und blies ihren warmen Atem gegen meine Handfläche, während sie leise schnaubend nach Äpfeln oder einem Zuckerstückchen suchte. Plötzlich kam es mir in den Sinn, dass sie mich vermisst hatte, und die Einfachheit ihrer Bedürfnisse rührte meine innere Leere an. Wir brauchten beide einen Ausritt.

Einen halben Tag lang trabten Morning Mist und ich in der Umgebung des Hauses über Waldwege und saftiggrüne Sommerwiesen. Das Gefühl, einen kräftigen Pferdekörper unter mir zu haben, dieses Lebewesen zu spüren, war schon Trost an sich. Aber sie war noch mehr als das – sie war mir Freundin und schweigsame Kameradin zugleich. Nur die Menschen, die Tiere sehr lieben, wissen, welchen Trost man erfahren kann, wenn man sich um sein Lieblingstier kümmert. Das Zusammensein mit Morning Mist half mir, wieder mit dem Leben in Berührung zu kommen, obwohl immer noch das Gefühl des Verlustes mein Herz gefangen hielt. Zumindest, so sagte ich mir, war dies besser, als in einem leeren Haus zu sitzen und an Frank zu denken.

Als ich Morning Mist am frühen Nachmittag wieder in ihre Box brachte, dachte ich darüber nach, wann ich Frank wohl wiedersehen würde, und hoffte, dies würde erst dann geschehen, wenn ich innerlich wieder etwas gefestigter war.

Am Sonntag ritt ich in aller Frühe durch das noch vom Morgentau nasse Gras. Nachdem ich Morning Mist in ihre Box gebracht hatte, ging ich ins Haus zurück, um aufzuräumen. Doch gerade als ich meine Sachen in den Koffer gepackt hatte, hörte ich von der Zufahrt her ein Geräusch. Es war ein Wagen – Frank war schon von seiner Reise zurückgekehrt. Eine Flucht war unmöglich. Ich hörte schon, wie er die Haustür schloss.

„Susan ...?“

Meine Hände waren kalt und bebten. Ich musste schnell hinaus. Nur keine Fragen. Mit der ganzen Ruhe, die ich aufzubringen vermochte, verließ ich das Schlafzimmer. Den Koffer ließ ich auf dem Bett, da ich wusste, dass ich eine Auseinandersetzung darüber, warum ich nicht bleiben wollte, nicht durchstehen konnte. Als ich ihn in der Küche begrüßte, schien er zerstreut. Wenn ich mich für ein paar Minuten höflich mit ihm unterhielte, könnte ich mich vielleicht ohne allzu viel Theater davonmachen. So bemühte ich mich also, mit ruhiger Stimme zu fragen: „Wie war deine Reise?“

„Ganz gut“, erwiderte er und suchte im Kühlschrank nach einer Flasche Bier.

„Das klingt nicht gerade so, als ob du sehr viel Erfolg gehabt hättest.“

„Es gelingt mir offenbar nicht, diesen Burschen

klar zu machen, wie großartig diese Fusion wäre. Das ist ziemlich frustrierend."

„Du musst ihnen Zeit lassen, Frank. Vielleicht kommen sie dann doch noch zu deiner Ansicht."

Er knallte die Kühlschranktür zu. „Das verstehst du sowieso nicht." Ich überging diese Beleidigung, aber der bissige Tonfall in seiner Stimme hätte mich warnen sollen. „Es ist eine komplizierte Angelegenheit, und außerdem sind die Leute, die daran beteiligt sind, völlig unterschiedlicher Meinung."

Ganz unerwartet wandte er sich mir zu: „Und was ist mit dir? Bist du inzwischen vernünftig geworden und hast dich entschlossen, wieder nach Hause zu kommen?"

Ich fühlte mich völlig zerschlagen. Ich war kaum in der Lage, einen Fuß vor den anderen zu setzen, und hatte Mühe, meine Stimme unter Kontrolle zu halten.

„Nein", erwiderte ich ruhig. „Ich glaube, wir brauchen immer noch Zeit, um unsere Probleme zu lösen."

Die Enttäuschung über sein fehlgeschlagenes Geschäft hatte sich offenbar aufgestaut. Unglücklicherweise war ich nun der Sündenbock. Ein wahres Trommelfeuer brach über mich herein: „Nun, wenn du bei Verstand wärst und dir klar würde, was du hier alles hast, dann könnten wir bestimmt an unseren Problemen arbeiten. Ich dachte, dass du vielleicht nach deiner Doktorarbeit zur Vernunft kommen würdest. Aber ich merke, dass das nicht der Fall ist."

Ich spürte, wie sich meine Rückenmuskeln wieder verspannten. Wenn ich bloß den Mund gehalten hätte! Dieses Gespräch wurde allmählich hitzig. „Solange du mir nicht zeigst, dass ich dir wichtiger bin als deine Millionenkarriere, wird sich nichts ändern. Ich schlage vor, dass wir eine Eheberatung aufsuchen und anfangen, unsere Ehe in Ordnung zu bringen."

Frank gab keine Antwort, sondern stelzte ins Schlafzimmer, um sich umzuziehen. Es ließ sich nicht vermeiden, dass er meinen Koffer sah. Als er zurückkam, war sein Gesicht verkniffen, und ich merkte, dass er es zu einem Kampf kommen lassen wollte.

„Susan, ich sage das jetzt zum letzten Mal. Warum hörst du nicht mit diesen Albernheiten auf und benimmst dich wieder wie die Frau, die ich geheiratet habe?" Seine Stimme war laut geworden. „Ich habe diesen Quatsch satt. Hör mit diesem Emanzenkram auf!"

Es folgten eine Schimpfkanonade und weitere Anschuldigungen. Sein Zorn machte mich völlig fertig. Ich schrie innerlich: *Tu mir das nicht an! Ich kann das jetzt nicht ertragen! Nicht jetzt!* Ich spürte, wie Tränen in mir aufstiegen.

Plötzlich war ich mit meiner Kraft am Ende. Ich schluchzte auf – und dann brach ich in Tränen aus. Das Herz zersprang mir in der Brust, nicht wegen Frank oder wegen seines zornigen Angriffs, sondern wegen des Kindes, das auf immer für mich verloren war.

Ich vergrub mein Gesicht in den Händen und sank aufs Sofa. Ein Klagelaut kam aus meiner Kehle, tierischer Schmerz und Trauer in einem. Franks Kanonade hörte auf. Das Weinen überwältigte mich. Ich hielt mir den Kopf, dass mir die Arme schmerzten und ich am ganzen Körper bebte.

Frank, der noch immer an einer gewaltsamen Art der Auseinandersetzung festhalten wollte, fuhr mich an: „Worüber regst du dich so auf?"

„Lass mich allein – bitte!", flehte ich.

„Nein. Ich will wissen, was mit meiner Frau los ist."
Frau, dachte ich und verzog innerlich das Gesicht. Mit tränenerstickter Stimme erwiderte ich: „Ich bin monatelang nicht hier gewesen – aber du warst die ganze Zeit mit deiner Karriere zufrieden. Jetzt lass mich bitte einfach allein."
Aber das wollte er nicht. Er beugte sich über mich, fragend, fordernd. Die Wände kamen langsam auf mich zu, und Franks Fragen zermürbten mich. Ich spürte, wie ein galliger Geschmack in mir aufstieg und mein Gesicht heiß und feucht wurde. „Bitte", flehte ich mit erstickter Stimme. „Ich fühle mich einfach nicht wohl."
„Susan, antworte mir!", wiederholte er. „Was ist mit dir?"
„Ich bin krank."
„Was meinst du damit?"
Qual und Betäubung machten mich allmählich willenlos. „Ich bin operiert worden. Also bitte, lass mich allein. Ich kann das jetzt nicht ertragen."
Seine Stimme hatte einen angstvollen Unterton. „Operiert? Weswegen?"
„Einfach operiert."
„Ich habe ein Recht, das zu wissen. Sag es mir!", forderte er.
„Lass mich allein!", schrie ich.
„Nein." Er ließ nicht locker. „Was war das für eine Operation?"
Ich sah ihn durch einen Strom von Tränen an. In mir war jeglicher Widerstand gebrochen. „Ich habe abgetrieben, Frank. Weißt du, was das bedeutet, Frank? Es ist schrecklich."
Frank stand regungslos und mit offenem Mund da. Dann sank er in einen Sessel und fiel in sich zusammen wie eine Vogelscheuche, die man des stützen-

den Gerüstes beraubt hat. „Nein – Nein – NEIN!“ Er schloss die Augen, und Tränen rollten ihm die Wangen hinunter.

Mein Atem ging flach, und Panik überkam mich. Ich konnte es nicht ertragen, dass wir beide weinten. Ich musste hier raus. Doch als ich aufstehen wollte, sprang Frank mit einem Schrei auf: „Geh nicht, Susan! Ich kann jetzt nicht allein sein.“

Ich sah ihn kläglich an. „Ich kann nicht auch noch mit deinen Gefühlen fertig werden. Ich bin selbst in schlechter Verfassung. Und außerdem –“, ich wusste nicht, ob dies seinen Zorn erregen oder den Fluss seiner Tränen verstärken würde, „du warst nicht der Vater des Kindes.“

„Das ist mir egal“, gab er zurück. „Aber bitte geh nicht weg!“

So saßen wir eine Zeit lang im Wohnzimmer, jeder auf einer Seite des Sofas. Und wenn ein Gedanke den dichten Schleier durchdrang, der sich um meinen Geist gelegt hatte, dann war es etwa folgender: Hier saßen wir, zwei erfolgreiche Akademiker, umgeben von den hübschen Möbeln unseres Landhauses – und waren doch so verloren. Unsere Liebe war nicht groß genug gewesen, um unsere Träume zu verwirklichen; ja, es war so weit gekommen, dass wir uns sogar gegenseitig zerstörten.

Wie zwei Kinder saßen wir da und weinten. Unsere Wunden waren so schmerzhaft, dass wir nur einzelne Worte und Gedankenfetzen austauschen konnten. Ich war bereit, Franks Bitte nachzukommen und den Abend über zu bleiben, aber über Nacht – das konnte ich nicht.

Später fuhr ich wieder zu Lauras Wohnung. Wenn sich auf der Straße ein Abgrund aufgetan hätte, wäre ich nur zu gern mit meinem Wagen hineingefahren.

Ich hatte Kopfschmerzen vor Anspannung, und ich wusste nicht, wie ich mich je wieder aus diesem Netz von Schmerzen, das meinen ganzen Körper überzog, befreien sollte.

Wenn ich gewusst hätte, was Frank vorhatte, gleich nachdem ich aus dem Haus war, wäre ich wahrscheinlich mit meinem Wagen frontal gegen einen Baum gefahren. Aber was an jenem Abend geschah, brach erst einige Wochen später über mich herein.

Der Monat August brachte mir wenig Erleichterung. Auch die Zeit schien meinen ungeheuren Schmerz nicht zu lindern. Ich hielt mich nur dadurch am Leben, dass ich ständig eine Maske trug, hinter die ich niemanden schauen ließ. Unterdessen löste sich jedoch mein inneres Ich darunter auf – ähnlich, wie Eis über dunklem Winterwasser schmilzt. Die psychische Entfremdung, die ich gleich nach der Abtreibung verspürt hatte, wurde unerträglich. Ich war nur noch ein zusammengeschrumpftes Etwas, das sich in dem Nebel verbarg, der mein Inneres verhüllte. Ich war jedes Mal entsetzt, wenn ich mich in einem Gespräch unbeschwerte Worte äußern hörte. Wer war diese Frau da draußen im Licht, die den äußeren Schein wahrte? Ich kannte sie nicht mehr. Mit jedem Tag, der verstrich, schien ich meinem ursprünglichen Ich fremder zu werden.

Ich lebte völlig mechanisch weiter und befand mich schließlich am Beginn des Herbstsemesters.

Am ersten Tag des Semesters traf ich mich zum Mittagessen mit Hanna, die einige meiner Veranstaltungen besucht und noch ein Jahr bis zu ihrer Promotion vor sich hatte. Sie und ihr Mann Michael gehörten zu jenen Freunden an der Universität, mit denen Frank und ich vor unserer Trennung zusammen gewesen waren. Unser Gespräch hatte ganz leichthin begonnen, nachdem ich vorgegeben hatte, dass der Sommer für mich ereignislos gewesen sei.

Nach einiger Zeit merkte ich jedoch, dass Hanna ihr Sandwich kaum anrührte. Dann räusperte sie sich nervös, und ihre Stimme nahm einen ernsten Tonfall an: „Susan, ich muss mit dir über etwas reden."

„Worüber denn?", fragte ich, in der Annahme, dass es mit der Universität zu tun habe.

„Frank hat gestern Abend Michael angerufen. Sie haben sich lange unterhalten."

Ihre Nervosität war ansteckend. Mein Magen krampfte sich zusammen, und meine Gedanken rasten.

„Susan, Frank sagt schreckliche Dinge über dich. Er hat Michael erzählt, dass eure Trennung allein deine Schuld sei – dass du krank bist und schwere psychische Probleme hast."

Zorn und Übelkeit stiegen in mir hoch. Hannas Augen füllten sich mit Tränen, als sie fortfuhr: „Und er hat Michael auch erzählt, dass du eine Affäre gehabt und – abgetrieben hast."

Mir war speiübel. *Dazu hat er kein Recht! Wie kann er diese Geheimnisse an die Öffentlichkeit bringen – Dinge, die mich nur ganz persönlich angehen und die ich ihm vertraulich erzählt habe?*

Hanna war dem Weinen nahe. Es war unglaublich, aber sie wusste noch mehr. „Ich habe auch erfahren, dass Michael und ich nicht die Einzigen sind, die Frank angerufen hat. Er gibt vor, sich bei uns Rat holen zu wollen, wie er sich verhalten soll." Sie hielt inne. „Susan? Susan, hörst du noch zu?"

Ich schrumpfte innerlich zusammen und kämpfte darum, wieder aus meiner Entrückung aufzutauchen. Dann trafen sich unsere Blicke wieder. Wie aus weiter Ferne hörte ich mich sagen: „Ich bin vernichtet."

Hanna war eine Million Kilometer weit entfernt, während sich ihr Mund immer noch bewegte: „Du brauchst dich mir gegenüber nicht zu rechtfertigen. Du bist meine Freundin, egal, in was für Schwierigkeiten du bist."

Unser Essen war beendet. Irgendeine Frau, die in meinem Körper lebte, bedankte sich bei Hanna dafür, dass sie ihre Freundschaft angeboten hatte. Ich musste weg von ihr.

Mein äußeres Ich – die Frau, die an der Oberfläche lebte – lehrte an der Universität, während sich mein inneres Ich in einem dumpfen, grabesähnlichen Gefängnis befand. Ich hatte das Gefühl, als ob mich Frank in seiner rasenden Rache nicht nur völlig bloßgestellt und getötet, sondern auch noch meinen Körper auf die Straße geworfen und den Fußtritten anderer ausgeliefert hätte. Wenn dieser Körper nur aufhören könnte zu atmen, sich zu bewegen und zu sprechen! Innerlich stand ich bereits an der Schwelle des Todes.

Doch so schlimm Hannas Eröffnung auch war, das Schlimmste sollte noch kommen.

Drei Wochen lang mied ich meine Freunde, so gut es ging. Zwar begegneten sie mir nach wie vor mit einem Lächeln, sie sprachen sogar noch freundlicher als vorher mit mir, seitdem sie Bescheid wussten. Aber das war es ja gerade: Sie wussten Bescheid. Das Stigma, der „scharlachrote Buchstabe", der in meine Seele eingebrannt war, prangte nun auch auf meinem Körper. Wenn wir miteinander sprachen, konnte ich ihnen nicht in die Augen sehen.

Und dann holte es mich Mitte Oktober ein. Es war an einem sonnigen Mittwochnachmittag, kurz vor drei Uhr. Ich saß allein in meinem Büro am sonnenüberfluteten Schreibtisch und hatte nur noch eine Vorlesung vor mir. Da klingelte das Telefon. Ich griff völlig arglos und ganz mechanisch nach dem Hörer.

Meine Mutter war am Apparat. „Susan", – ihre aufgeregte Stimme beunruhigte mich –, „ich muss mit dir sprechen."

Bitte, Gott, nur das nicht. Das ist undenkbar. Er kann sie doch unmöglich angerufen haben. Meine Hände zitterten. „Mutter, wann hast du zuletzt mit Frank gesprochen?"

„Ach ...", meinte sie stockend, „ungefähr vor einer Woche, als wir anriefen, um ihm zum Geburtstag zu gratulieren." *Vor einer Woche. Was hat er ihnen wohl erzählt?* „Susan, ich habe so einiges über dich gehört. Ich muss ein paar ganz direkte Fragen an dich richten. Denn ich muss wissen, ob das, was ich gehört habe, der Wahrheit entspricht.

Stimmt es, dass du mit einem anderen Mann zusammen warst?"

Ich wollte nicht lügen, und schon gar nicht meiner Mutter gegenüber. „Ja. Ich muss zugeben, dass es stimmt."

Meine Mutter brach weinend zusammen. Es zerriss mir um ihretwillen das Herz. Ich war eine Frau von siebenundzwanzig Jahren und hatte mein Elternhaus schon vor langer Zeit verlassen. Frank hatte kein Recht, meine Eltern mit in diese Sache hineinzuziehen und auch sie noch zu verletzen. Warum nur, warum konnte er sie nicht aus diesem Elend herauslassen?

„Mutter, es tut mir Leid, dass euch das so trifft –"

Da unterbrach mich die Stimme meines Vaters. Ich erkannte den barschen, zornigen Mann am anderen Ende der Leitung kaum wieder.

„Vater, Frank hat kein Recht, euch mit in die Sache hineinzuziehen."

„Susan, ich bin im Augenblick nur daran interessiert, über dich zu sprechen. Und es wäre besser für dich, wenn du mir zuhören würdest."

Dann prasselte heftige Kritik auf mich nieder. Wie ein tobender Diktator machte mein Vater dem ungeheuren Schmerz Luft, den Franks Nachricht ihm und meiner Mutter zugefügt hatte.

Der Hörer glitt mir aus der Hand. Die Zeit, in der ich die Stimme meines Vaters aus dem Hörer gellen hörte, kam mir wie eine Ewigkeit vor. War dies derselbe Mann, der damals so mitleidvoll geholfen hatte, das Leben meiner Reitgenossin Deborah nach ihrer Abtreibung zu retten? Ich war seine eigene Tochter, aber für mich hatte er kein einziges Wort des Mitleids. Plötzlich hörte ich ein lautes Klicken. Vater hatte den Hörer knallend aufgelegt.

Frank hatte das Undenkbare getan. Er hatte meinen Eltern von meinem Geheimnis erzählt. Und indem er ihnen nur seine Version der Geschichte geschildert hatte, hatte er meine Eltern mit Erfolg von mir entfremdet. Meine letzte Zuflucht, meine eigene Familie, war nun unerreichbar für mich.

Ich war kaum fähig, den Hörer aufzulegen. Das Schweigen verschlang mich. Als ich schließlich aufzustehen vermochte, zitterten mir die Beine.

Ich ging hinaus, über die sonnenüberfluteten Bürgersteige zum See. Es war ein wundervoller Tag mit blauem Himmel, ein Herbsttag, wie er im Buche steht. Aber mir war, als sei mein Leben zu Ende. Frank hatte es geschafft, mich jeglicher Unterstützung zu berauben – meiner Freunde, meiner Familie. Der letzte Rest von Würde war mir genommen worden.

Ich könnte ins Wasser gehen ... soll es sich doch über mir schließen ...

Es war alles zu viel.

Die Frau, die in ihrem inneren Gefängnis gefangen und derart geschlagen war, hatte sich zu einem Entschluss durchgerungen. Es war nun genug. Es gab noch einige Pflichten zu erledigen. *Aber dann ...*

Mein Blick fiel auf meine Armbanduhr – Zeit für meine letzte Vorlesung. Es war besser, nicht allein am Ufer mit seinen lockenden Wellen zu bleiben. *Noch nicht ...*

Aber der Vorlesungssaal hätte auch der Grund des Ozeans sein können. Ich konnte kaum atmen. Meine Notizen verschwammen mir vor den Augen. Obwohl ich die Vorlesung schon mehrere Male gehalten hatte, war mein Kopf völlig leer. Meine Unterlippe zitterte. Mein Rücken schmerzte.

Erspare den Studenten den jämmerlichen Anblick des Zusammenbruchs einer Frau. Ich klappte meinen Ordner zu. „Ich fühle mich heute nicht wohl. Können wir für heute Schluss machen? Am Montag machen wir dann dort weiter, wo wir stehen geblieben sind."

Stühle schabten über den gefliesten Boden, und ich hörte das Rascheln von Papier und das Scharren von Füßen, als sich der Raum leerte.

Warum hatte ich ihnen die Unwahrheit gesagt? Für mich würde es wahrscheinlich keinen Montag mehr geben.

Denn ich hatte die in diesem Augenblick unfassbare Hoffnung, aus dem dunkelsten Gefängnis der Verzweiflung ins Licht und in ein neues Leben entfliehen zu können.

7. Rettungsanker

Es hatte sich herumgesprochen, dass im Norden die Herbstbelaubung seit Jahren nicht mehr so leuchtend und farbenprächtig gewesen war wie in jenem Herbst. Trotzdem weiß ich bis heute nicht, warum ich das Angebot annahm, mit fünf Universitätsfreunden übers Wochenende einen Ausflug zu unternehmen. Denn nach dem Telefonanruf meiner Eltern am Mittwoch war ich nur noch von düsteren Absichten beseelt.

Vielleicht wollte ich nur das Unausweichliche hinauszögern. Vielleicht hatten aber auch das sanfte Drängen von Jenny, Laura und den anderen, ihre überschwängliche Freude und der Umstand, dass ich sie nicht enttäuschen wollte, bei meiner Entscheidung eine Rolle gespielt. An bunten Blättern hatte ich jedenfalls kein Interesse.

Jedenfalls trafen wir am Donnerstagabend zu sechst im Hause eines Freundes ein, weil wir am nächsten Morgen in aller Frühe losfahren wollten. Als um vier Uhr das Klingeln des Weckers in meinen unruhigen Schlaf hinein schrillte, wachte ich aus einem Alptraum auf, in dem mein Vater drohend über mir schwebte und mir Worte entgegenschleuderte, die mich wie Speere durchbohrten. Als ich hörte, wie die anderen aufstanden, stieg ich schwerfällig und niedergedrückt aus dem Bett.

Der frühe Aufbruch war nötig, da wir die Fähre erreichen mussten, wo wir das Wochenende verbringen wollten. Jenny, die offenbar noch früher als die anderen aufgestanden war, rief aufgeregt die Treppe hinauf: „Alle Mann aufstehen und anziehen! Der Wagen fährt in zwanzig Minuten.“

Als wir abfuhren, den Fond des großen Kombis voll gepackt mit Rucksäcken und Schlafsäcken, sank ich bedrückt im Beifahrersitz zusammen. Außer dem Fahrer und mir waren alle anderen bald wieder eingeschlafen. Während unsere Scheinwerfer die dunkle Straße ausleuchteten, starrte ich in die Dunkelheit, die der Dämmerung vorausgeht. Mir war inzwischen klar, dass mein Entschluss, mitzufahren, ein Fehler gewesen war.

Denn während wir so dahinfuhren, brodelte es unruhig in mir. Es war, als säße ich in einem dunklen Gefängnis, das über einem Vulkan erbaut war. Tief in meinem Inneren spürte ich die Erschütterungen, fühlte mich aufgewühlt und dem Untergang geweiht. Der Kombi surrte über die Straße, und meine Freunde schliefen ruhig, während ich mich auf meinem Sitz wand und inständig hoffte, dass mit der Dunkelheit allmählich auch meine Platzangst verschwinden würde.

Als die Sonne das Land überflutete, wachten die anderen der Reihe nach auf. Bald darauf fuhren wir mit der Fähre über den See, dessen Wellen sich im Wind kräuselten. Der Himmel erstrahlte in wolkenlosem Blau, und am fernen Ufer leuchteten die Bäume rot, golden und in dunklem Purpur. Während die anderen das Wunder um uns herum bestaunten, stierte ich mit leerem Blick vor mich hin, trank aber gierig die frische Luft und hoffte, das unbändige Gefühl unterdrücken zu können, dass sich mein Körper gleich spalten und meine abgestorbene, vertrocknete Seele über Bord in das wilde Wasser wehen würde.

Auf der Insel angekommen, fuhren wir zu einem

Häuschen, das Jennys Eltern gehörte. Es war umgeben von hohen Bäumen – von Birken, Nadelbäumen und Ahorn in atemberaubenden Rot- und Goldtönen, die wie züngelnde Flammen wirkten. Obwohl ich den Herbst immer sehr geliebt habe, berührte mich diese Schönheit in keiner Weise.

Am Nachmittag erkundeten wir dann den Wald mit seinen verschlungenen Pfaden. Während sich die anderen fröhlich unterhielten, fiel es mir immer schwerer, mich noch auf den Beinen zu halten. Nicht nur, dass Steine und Baumwurzeln mich beim Gehen behinderten – es kam auch die Angst dazu, allein zurückzubleiben – die Angst, dass die andern um die Kurve biegen würden und ich verloren war.

Verloren. Die Worte hallten in meinem Inneren wider wie ein Stein, der polternd in eine bodenlose Tiefe fällt. Ja, ich war längst verloren. Fast alle meine Gedanken kreisten um den Tod – darum, wie ich meinem Leben ein Ende setzen konnte.

Als die Sonne am Horizont versank und ein kalter Wind um unsere Füße strich, gingen wir wieder zum Häuschen zurück, wo jemand aus unserer Gruppe im Kamin ein knisterndes Feuer entfachte. Laura und Jenny verschwanden in der Küche, um für das Abendbrot zu sorgen. Da mir nicht der Sinn danach stand, mich mit jemandem zu unterhalten, ging ich hinter ihnen her.

Jenny stand am Herd und schnitzelte Fleischstücke in eine Kasserolle. Neben ihr waren verschiedene Gemüsesorten aufgehäuft. Am Ende der Arbeitsplatte schnitt Laura Kopfsalat und Tomaten für einen Salat.

„Kann ich helfen?“, fragte ich matt.

„Ich glaube, wir haben alles so weit unter Kontrolle“, erwiderte Laura. „Wir essen bald und ...“

Da fiel mein Blick auf die offen stehende Schublade mit den Küchengeräten und den Küchenmessern, und mir war, als ob mich ihre Worte gar nicht mehr erreichten. Während Laura weiterredete, konnten sich meine Augen nicht von den blitzenden Klingen lösen, und in meiner Fantasie sah ich grausige Bilder.

„Susan?"

Als ich aufsah, stellte ich verwirrt fest, dass sowohl Laura als auch Jenny mich beobachteten. „Ist irgendetwas nicht in Ordnung?", fragte Jenny behutsam. „Du bist seit Tagen völlig verändert."

„Nein. Es ist nichts", murmelte ich. Doch mein Ton verriet, dass dies nicht der Wahrheit entsprach.

„Wir sind doch Freunde", beharrte Jenny. „Du kannst doch mit uns reden."

„Danke", erwiderte ich. „Ich möchte euch nicht mit meinen Sorgen belasten. Ihr seid ja schließlich alle hier, um von euren Büchern wegzukommen, und da braucht ihr euch nicht noch anzuhören, wie ich mein Leben ruiniert habe."

„Na, komm schon. Wir sind immer bereit, dir zuzuhören – wann du willst."

Ich nickte. „Natürlich."

Als wir später alle um den Kamin saßen und die dampfenden Teller mit dem Eintopf auf den Knien balancierten, überkam mich ein Gefühl, als müsse ich gleich die Wände hochgehen. Das Feuer flackerte, und um mich herum hörte ich Lachen und freundliche Gespräche. Alle aßen mit Heißhunger. Nur ich rührte mein Essen kaum an. In dieser idyllischen Szene konnte es keine Hoffnung für mich geben. Ich musste raus.

Nach dem Abendessen holte Jenny ihre Gitarre hervor und stimmte mit ihrer vollen, weichen Stimme ein Lied an. Während ich ins Feuer starrte, tauchten in meiner Fantasie wieder die Messer in der Küchenschublade auf. *Morgen. Wenn sie wieder eine Wanderung unternehmen wollen, werde ich sagen, dass ich einen Mittagsschlaf machen möchte.* Ja, morgen. Wenn erst dieser Augenblick vorbei war, in dem die Klinge die Haut an meinen Handgelenken aufritzte, würden meine Qualen endlich beendet sein.

Inzwischen sangen meine Freunde fröhlich, stampften mit den Füßen und klatschten in die Hände. Doch ich gehörte nicht zu ihnen. Schließlich stand ich in der Pause zwischen zwei Liedern unvermittelt auf und sagte in die Runde hinein: „Ich bin ziemlich müde – und mein Rücken tut mir weh. Ich glaub, ich geh ins Bett." Da Jenny und Laura wussten, dass ich Schwierigkeiten mit meinem Rücken hatte, war dies eine plausible Entschuldigung.

Jemand anders schlug inzwischen vor, Kakao für alle zu machen. Doch Jenny stellte ihre Gitarre beiseite und meinte: „Ich werde dir den Rücken massieren, Susan. Ja?"

Ich zuckte teilnahmslos mit den Achseln.

Oben in meinem Zimmer legte ich mich auf meinen Schlafsack. Dann kam Jenny herein, kniete sich neben mich auf den Boden und begann, die schmerzhaften Knoten in meinem Rücken zu massieren.

„Susan", sagte sie dann, und ihre Stimme klang dabei etwas verschüchtert, „hättest du etwas dagegen, wenn ich ein Gebet für dich spreche?"

Ich war unangenehm berührt. Gepeinigt von Vorwürfen, bäumte ich mich innerlich auf: *Weißt du es denn nicht, Jenny? Ich bin der letzte Dreck. Welcher Gott hört sich schon das Gebet einer solchen Sünderin an?* Trotzdem erwiderte ich: „Sicher, wenn du möchtest."

Jenny räusperte sich, und während ihre Hände die Massage fortsetzten, sprach sie mit leiser Stimme:

„Herr Jesus, ich weiß eigentlich gar nicht, was ich sagen soll. Aber ich bete für meine Freundin Susan."

Während ich dalag und zuhörte, war ich von der Schlichtheit ihrer Worte überrascht. Noch mehr aber erstaunte mich ihr kindliches Vertrauen, dass Gott ihr Gebet tatsächlich anhörte. Nur einmal hatte ich es erlebt, dass er mich angehört und mir geantwortet hatte – damals, nachdem ich das Geheimnis von Franks erster Ehe entdeckt hatte und der Meinung gewesen war, es sei Gottes Wille, dass ich ihm vergeben solle. Während der folgenden fünf oder zehn Minuten, in denen mich Jenny ständig massierte und, nur unterbrochen von kurzen Zeiten des Schweigens, für mich betete, empfand ich die unglaubliche Sanftheit, die unglaubliche Seelentiefe, die von ihrem Gebet ausging.

Obwohl mich ihre Worte ganz schläfrig gemacht hatten, hörte ich noch, wie sie ihr Gebet beendete: „Susan leidet sehr, Herr. Bitte, strecke deine Hand aus und rühre sie an. Lass sie erkennen, dass du die Lösung bist. Lass sie nicht verzweifeln. Sie ist mir eine gute Freundin, und ich habe sie so gern. Ich weiß, dass du allmächtig bist. Du vermagst alles. Du kannst auch ihr helfen."

Daraufhin beugte sie sich zu mir herunter, umarmte mich und sagte nur Gute Nacht. Dann machte sie das Licht aus und verließ das Zimmer.

Ich schälte mich kraftlos aus meinen Kleidern und kroch in den Schlafsack. Dann ließ ich meine Gedanken wandern. *Was für ein Glück, dass ich eine Freundin wie Jenny habe. Aber welch eine Ironie, dass sie für jemanden wie mich betet – in der irrigen Annahme, dass ich nur unter dem Zusammenbruch meiner Ehe leide. Arme Jenny. Sie weiß ja nicht, dass Gott ihr Gebet für eine Frau, die ihr Kind abgetrieben hat, unmöglich erhören kann. Schade, dass ihre Hilfe zu spät kommt ...*

Dann erinnere ich mich nur noch, wie ich am nächsten Morgen aufwachte und die frühe Morgensonne spürte, die durch das Fenster hereinströmte. Ich hatte das Gefühl, in einem Meer von Wärme und Helligkeit geschlafen zu haben. Meine ersten Gedanken galten Jenny und ihrem Gebet.

Im Hause war noch alles still. Als ich aus meinem Schlafsack kroch, stellte ich erstaunt fest, dass der Schmerz in meinem Rücken verschwunden war. Ich zog meine Jeans und meinen Norwegerpullover an und ging hinaus in den kühlen Morgennebel.

Ich setzte mich auf einen großen Felsvorsprung am Ufer. Kein Lüftchen regte sich, und der See lag ruhig da. Durch die Stille hörte ich den sanften Flügelschlag der Vögel in den Zweigen über mir. Nur ganz von ferne nahm ich wahr, dass ich mich unglaublich erholt fühlte, dass ich in der vergangenen Nacht wohl fest geschlafen hatte.

Als sich – nach langer Zeit – mein Magen knurrend bemerkbar machte, vermutete ich, dass im Haus sicherlich schon jemand auf sei. Ich konnte ja schon mal für alle Kaffee machen und mit der Vorbereitung des Frühstücks beginnen. So stieg ich also wieder den Pfad zur Hütte hinauf. Aber auf halbem Wege hielt ich vor Staunen den Atem an.

Vor mir stand eine Gruppe von hohen, spitzen Tannen, die meinen Blick zum kobaltblauen Himmelsgewölbe lenkte. Ich war überwältigt von dieser unglaublichen Schönheit. Noch gestern war ich unfähig gewesen, dieses Wunder überhaupt zu sehen. Nun war mir, als ob jede meiner Poren dafür geöffnet sei.

Als ich meinen Weg schließlich fortsetzte, hatte

ich zwar noch nicht das Gefühl, „lebendig“ zu sein, aber es war einfach ein großes Wunder, dass ich nicht mehr empfindungslos, dass ich innerlich nicht mehr abgestorben war. Obwohl ich mich noch in keiner Weise frei von Schmerz und Schuld fühlte, war es mir doch, als ob die Wände meines Gefängnisses aufgebrochen wären und nun frische Luft die alte, verbrauchte vertriebe. Allerdings war ich noch nicht ganz bereit, mir einzugestehen, dass Gott vielleicht tatsächlich Jennys Gebet erhört hatte. Eine solche Annahme war mir noch immer völlig fremd. Aber ich merkte, dass ich nicht mehr von dem einen einzigen Gedanken verzehrt wurde, dass ich meinen Schmerz nur überwinden könne, indem ich mein Leben beendete.

Als ich die Fliegentür der Hütte öffnete, hörte ich aus der Küche Stimmen. Alle waren schon auf und standen um die Kaffeemaschine herum, in der fröhlich der Kaffee plätscherte. Wie gut tat es, als sie mir ihre Gesichter zum Gruß zuwandten.

„Guten Morgen“, sagte ich. „Der See ist einfach wunderbar.“

„Du glaubst also, dass es ein schöner Tag wird?“, meinte Jenny aufmunternd.

Als wir uns später etwas absondern konnten, sagte ich zu ihr: „Es ist merkwürdig. Aber ich fühle mich heute Morgen besser. Die Tatsachen sind zwar immer noch dieselben. Aber irgendetwas hat sich in mir geändert. Ich fühle mich nicht mehr so verzweifelt wie gestern Abend. Es ist alles nicht mehr so aussichtslos. Vielen Dank, dass du dich um mich gekümmert hast.“

Jenny hatte den Blick nicht von mir gewandt. „Gestern Abend kam ich mir so – hilflos vor, aber ich konnte einfach nicht anders, ich musste für dich beten. Ich habe noch nie für jemanden laut gebetet. Aber ich wusste, dass ich es tun musste. Und weißt du was", fuhr sie fort, „ich hatte das Gefühl, als ob wir nicht allein seien. Ich wusste einfach, dass ich mit Gott sprechen musste, weil du es nicht tun konntest. Weißt du, eigentlich hatte ich sogar gehofft, dass du eingeschlafen seiest", fügte sie mit einem verlegenen Lächeln hinzu,

„Dein Gebet war wunderbar", erwiderte ich und drückte dankbar ihren Arm. Ich konnte ihr nicht sagen, dass ich am Rande des Selbstmordes gestanden hatte. „Du wirst nie erfahren, wie wichtig das für mich war."

Der Rest des Tages verlief ohne Besonderheiten, wenn man davon absieht, dass ich die Zeit genoss. Am Sonntag kehrten wir nach Hause zurück.

Obwohl ich in den folgenden Wochen weiterhin zwischen Erleichterung und Selbstverachtung schwankte, war ich zumindest in der Lage, meine Lehrveranstaltungen abzuhalten und meinen übrigen beruflichen Verpflichtungen nachzukommen. Ende November trat dann noch eine bedeutsame Frau in mein Leben, mit der ich ebenfalls Freundschaft schloss.

Sie hieß Maria und war mit Martin, einem Studenten aus unserem Magisterkurs, verheiratet. Ich lernte sie auf einer Party bei ihnen zu Hause kennen, zu deren Teilnahme mich Martin gedrängt hatte. Obwohl mir nicht nach Partys zumute gewesen war, ging ich an jenem Abend merkwürdig belebt durch das Gespräch mit Maria nach Hause.

Zum einen deshalb, weil ich erfahren hatte, dass sich Martin, obwohl bereits Anfang vierzig, dazu entschlossen hatte, keine Investment-Geschäfte mehr zu tätigen, sondern psychologischer Berater zu werden, nachdem ihre Ehe beinahe in die Brüche gegangen war. Diese neue Tätigkeit hatte ihr Leben entscheidend verändert. Und seitdem sie ihre Schwierigkeiten überwunden hatten, waren beide von dem Gedanken beseelt, anderen Menschen zu helfen. Da Maria nun ebenfalls in Erwägung zog, wieder zu studieren, war ich natürlich gern bereit, mit ihr die verschiedenen Möglichkeiten durchzusprechen.

Aber mehr als durch diese Ähnlichkeiten zu meinem eigenen Schicksal fühlte ich mich durch Marias Wärme angezogen. Sie hatte etwas wunderbar Strahlendes an sich. Es war dasselbe Strahlen, das ich auch in Jennys Gegenwart verspürte.

Als Maria eine Woche nach der Party in mein Büro kam, hatte nicht nur die kalte Dezemberluft, sondern auch die Aufregung ihre Wangen rosig gefärbt. Sie begrüßte mich, als ob wir alte Freunde seien. „Das ist wundervoll. Ich kann es gar nicht fassen, dass ich nach so vielen Jahren wieder studieren soll. Martin freut sich so für mich."

Diese Bemerkung versetzte mir einen Stich. Franks überschwängliche Freude über meine Rückkehr zur Universität war nie über die Flasche Sekt hinausgegangen, die wir an dem Tag geöffnet hatten, als ich die Bestätigung von der Universität bekommen hatte. Es tat mir weh, mit einer Frau zusammen zu sein, die ihre Ehe hatte retten können, während meine ganz offensichtlich gescheitert war.

„Was hat euch überhaupt zur Beratertätigkeit hingezogen?", fragte ich mit mehr als nur akademischem Interesse. Abgesehen davon, dass sie, wie Martin während der Party angedeutet hatte, Eheprobleme gehabt hatten, wusste ich eigentlich sehr wenig über die beiden. Nun erzählte mir Maria, dass ihre Ehe vor fünf Jahren in einem so schlimmen, so hoffnungslosen Zustand gewesen war, dass sie die Scheidung eingereicht hatten.

„Dann merkte ich plötzlich, dass mir wieder der Glaube wichtig wurde, der schon vor Jahren in mir erloschen war", erklärte Maria. Es stand außer Zweifel, dass ich ihr voller Interesse zuhörte. „Zunächst öffnete mir Gott die Augen, so dass ich in der Lage war, unsere Situation in einem neuen Licht zu sehen. Und dann sagte ich ihm, dass ich unserer Ehe noch eine Chance geben wollte. Martin erklärte sich bereit, eine Eheberatung aufzusuchen" – meine Stimmung, die sich inzwischen gehoben hatte, sank wieder – „und dort lernten wir, wie man dem anderen wirklich zuhört. Danach waren wir dann mit Gottes Hilfe in der Lage, einander zu vergeben und die Vergangenheit ruhen zu lassen."

Die Tatsache, dass Maria, genau wie Jenny, so persönlich von Gott sprach, und ihre Aufrichtigkeit und ihr innerer Friede gaben mir Hoffnung. Es war nichts Selbstgerechtes, nichts Aufgesetztes an ihr.

Ich dachte darüber nach, ob mir Gott wohl durch diese beiden wunderbaren Freundinnen etwas mitteilen wollte. Hatte er eine Botschaft für mich?

Doch sogleich verwarf ich diesen Gedanken wieder. Ich hatte gegen alle Werte verstoßen, mit denen ich groß geworden war. Nichts in mir sprach dafür, dass ich Vergebung für meine Schuld finden würde. Ich fand mich selbst verachtenswert. Abtreibung bedeutete Exkommunikation.

Am Ende unseres Gespräches waren wir uns beide einig, dass wir öfter zusammenkommen müssten. So trafen wir uns also drei Wochen später, kurz vor Weihnachten, wieder in der Cafeteria des Universitätsgeländes. Als die Kellnerin das Essen brachte, fragte

Maria: „Hast du etwas dagegen, wenn ich das Tischgebet spreche?“

„Aber nein“, erwiderte ich etwas überrascht. Sie ergriff sanft meine Hand. Ihr Gebet war schlicht und kurz. Als sie wieder aufsah, sagte ich: „Dein Glaube bedeutet dir sehr viel, nicht wahr?“

„Ja. Er ist im Grunde zur Mitte meines Lebens geworden. Ich liebe Martin und die Kinder sehr, aber meine Familie wäre jetzt völlig zerstört, wenn der Herr unsere Beziehung nicht in Ordnung gebracht hätte.“

Ich schob mein Sandwich beiseite und bemerkte zerstreut: „Es ist schön, dass du das Gefühl hast, dass Gott bei der Rettung eurer Ehe eine so wichtige Hilfe war.“

Sie hielt mitten im Bissen inne. „Oh, nein. Er war nicht nur eine wichtige Hilfe – er war das wichtigste Element bei ihrer Rettung!“

„Aber was ist mit eurer Eheberatung? Du hast doch gesagt, dass sie auch eine wichtige Rolle dabei gespielt hat.“

„Natürlich. Aber wir wären nie zum Stadium der Eheberatung vorgedrungen, wenn Gott nicht vorher etwas für mich getan hätte.“

Ich sah sie fragend an.

„Susan, Jesus hat mich gelehrt, was es heißt, wahrhaftig zu vergeben. Ich habe dir vor einigen Wochen erzählt, dass unsere Ehe in einem furchtbaren Zustand war. Das war eine Untertreibung. Ich hatte eine Affäre – ich meine, eine wirkliche Affäre. Über lange Zeit. Ich hätte nie gedacht, dass ich fähig wäre, davon loszukommen.“

Ich hoffte nur, dass ich nicht rot wurde. Seitdem es so aussah, als würde meine Ehe geschieden, war mir der Gedanke gekommen, dass ich immer noch die Möglichkeit hatte, zu Daniel zu gehen. Obwohl ich ihm nach der Abtreibung geschrieben hatte, dass ich ihn nicht wiedersehen könne, fragte ich mich doch, egoistisch wie ich war, ob er nicht vielleicht die Einsamkeit lindern könnte, die ich immer noch empfand.

Maria hatte nicht bemerkt, dass ich vor lauter Verwirrung aufgehört hatte zu essen. „Ich fühlte mich so schrecklich wegen des Doppelspiels, das ich trieb", fuhr sie fort. „Obwohl ich davon überzeugt war, dass mein Leben nie wieder in Ordnung kommen würde, war ich mir dennoch darüber im Klaren, dass ich mich auch dann aus dieser Beziehung lösen musste, wenn meine Ehe nicht mehr zu retten wäre.

Und an dieser Stelle griff Gott ein. Er gab mir die Kraft und die Entschlossenheit, mich daraus zu lösen. Aber noch wichtiger war, dass er mir zeigte, dass ich Vergebung finden konnte – und dass ich mir selbst wegen der Lügen und des Betruges vergeben musste. Zum ersten Mal verstand ich, warum Jesus am Kreuz gestorben ist – nämlich für meine eigenen Sünden, Susan. Und für deine."

Diese Bemerkung war natürlich ganz allgemein gemeint, aber ich zuckte trotzdem leicht zusammen, weil ich ja wusste, wie sehr mich das ganz persönlich betraf. Maria sprach noch einige Zeit darüber, dass sie nur „Taufschein-Katholikin" gewesen sei – eine Kategorie, in die ich meiner Meinung nach ebenfalls gehörte – und dass es in ihrem Leben Dinge gab, die sie tief bedauerte, aber dass Jesus sie durch seinen Tod und durch seine Auferstehung von ihrem früheren Leben befreit hatte. Als auch Martin schließlich zum Glauben an Gott fand, nahm ihr Leben einen neuen Anfang.

Als wir nach dem Essen in den kalten Dezembernachmittag hinausgingen und uns verabschiedeten, meinte ich: „Es wäre schön, wenn wir uns einmal wiedersehen könnten, Maria – wenn du möchtest. Unser Gespräch hat mir sehr geholfen. Vielleicht kann ich noch viel von dir lernen."

Kurz vor Weihnachten rief mein Vater an. Es war das erste Mal seit zwei Monaten, dass wir miteinander sprachen. Er fragte unbeholfen, ob ich vorhabe, über die Feiertage nach Hause zu kommen. Es kam keine Entschuldigung, ja nicht einmal ein Hinweis auf unser letztes Gespräch.

Und doch – sobald ich nur seine Stimme vernahm, schrie alles in mir nach meinem Zuhause. Wie sehr sehnte ich mich danach, mit meiner Mutter und meinem Vater zusammen zu sein – von Liebe umgeben zu werden. Denn immer noch war ich voller Selbstverachtung. Ja, erwiderte ich, ich käme über die Feiertage nach Hause.

Es wurde eine mittlere Katastrophe. Weder die bunten Lichter noch der glitzernde Weihnachtsschmuck konnten das unüberbrückbare Schweigen überdecken, das zwischen uns lastete. Trotz des altvertrauten Tannenduftes, der in der Luft lag, und der hübschen Verpackungen war in meinem Inneren nichts als Enttäuschung.

Daran bist du selbst schuld, klagte mich eine innere Stimme an. Ich hatte nicht nur mein eigenes Leben zerstört, sondern auch allen Menschen um mich herum Schmerz zugefügt.

Als ich kurz nach Neujahr zur Universität zurückkehrte, hoffte ich aufrichtig, dass 1976 ein besseres Jahr werden würde als das vergangene. Voller Zynismus dachte ich, dass es auf keinen Fall schlechter werden konnte.

Obwohl ich die Selbstmordgedanken überwunden

hatte, war ich mir nicht sicher, ob sich meine Lage auf lange Sicht gesehen wirklich verbessert hatte. Meine Todessehnsucht hatte ich zwar im vergangenen Oktober bei dem Wochenendausflug überwunden, aber emotional hatte sich seitdem noch nicht viel geändert. Ich empfand weder wirkliches Leben noch Hoffnung in mir. Ein grauer Wintertag reihte sich an den anderen, und mein Weihnachtsbesuch zu Hause hatte alles nur noch schlimmer gemacht, weil er mich an die Susan erinnert hatte, die ich einmal gewesen war: voller überschwänglicher Freude und Aufgeschlossenheit. Diese Susan lag tot auf einem Tisch in der Klinik. Ich hatte auch sie dort getötet.

Auf den Januar folgte der Februar, aber ich vermochte noch immer nicht die Dunkelheit abzuschütteln, die sich mir aufs Gemüt gelegt hatte. Auch wenn die Mauer meines Gefängnisses an jenem heiteren Morgen am Ufer des Michigan-Sees aufgebrochen war, so musste ich doch noch die Bruchstelle finden.

Mehrere Male traf ich mich mit Maria zum Essen und hörte mir ihre Erzählungen über ihre persönliche Beziehung zu Jesus an. Auch Jenny schien ihn auf solch eine Weise zu erfahren. Für mich jedoch sprachen die beiden eine unverständliche Sprache. Es mochte andere geben, die auf diese Weise den Weg aus der Dunkelheit fanden, aber ich ...? Ich zweifelte daran, dass ich jemals in der Lage sein würde, mich in dieser Art von Vergebung geborgen zu fühlen.

Dann fragte mich Jenny an einem ganz normalen Regentag Ende Februar, ob sie mich nach der Vorlesung sprechen könne. Wir gingen in mein Büro, und als ich meine Unterlagen abgelegt hatte, verkündete sie: „Ich habe ein Geschenk für dich."

Sie griff in ihre Tasche und zog eine Kassette hervor. „Ich glaube, es wird dir Freude bereiten, diesem Band von Pater John Powell zuzuhören. Er ist Jesuit und ein beliebter Autor und Redner."

„Worüber spricht er denn?"

„Ach", antwortete sie ausweichend, „über die Liebe Gottes und über Vergebung – es ist sehr gut, wirklich –"

Ich dankte ihr, nahm die Kassette und versprach, sie mir am Wochenende anzuhören. Ich hatte keine Ahnung, welche Wende mein Leben durch diese harmlos aussehende Kassette nehmen würde.

Ich beschloss, das Wochenende allein zu verbringen, um Raum und Zeit für mich selbst zu haben. Da ich Morning Mist im Spätherbst in einem Stall untergebracht hatte, der nur ungefähr fünfzehn Minuten von meiner Wohnung entfernt lag, fuhr ich sowohl am Samstag als auch am Sonntag zu ihr und genoss zwei schöne Tage mit diesem herrlichen Pferd, das mir so viel bedeutete. Ich bin immer der Meinung gewesen, dass manche Tiere ein besonderes Gespür für ihre Herren haben, einen Instinkt, der ihnen sagt, wenn jemand leidet. Denn Morning Mist schmiegte sich sehr zärtlich an mich, während ich sie striegelte. Ja, sie war eine echte Freundin und Kameradin.

Als ich am Sonntag auf dem Weg nach Hause war, fiel mir plötzlich wieder die Kassette ein. Zu Hause angekommen, schob ich sie in den Kassettenrekorder und machte mich dann an die Vorbereitung des Abendessens. Pater Powell hatte eine tiefe, sehr angenehme Stimme, und seine Worte, die davon sprachen, dass Gott jeden Einzelnen von uns liebt, übten eine beruhigende Wirkung auf mich aus. Doch zunächst war es für mich so, als spräche jemand über

Astronomie – es war eine völlig andere Welt, Lichtjahre von mir entfernt.

Die Kassette lief die ganze Zeit, während ich einsam mein Essen einnahm. Aber die Worte glitten an mir ab und machten wenig Eindruck auf mich. An einer Stelle – ich weiß nicht, warum – kam ich jedoch plötzlich zu der Ansicht, dass ich für Gottes Liebe ein offenes Ohr haben sollte. Falls Gott mich wirklich liebte, wie dieser Mann behauptete, sollte ich ihm eine Chance geben. Aber was wäre, wenn ich meine Arme nach seiner Liebe ausstreckte und sie gar nicht da war? Was wäre, wenn ich für Gottes Liebe nicht mehr in Frage kam?

Für die gesamte Dauer der Ansprache – volle neunzig Minuten – hatte ich zwar ein offenes Ohr, aber ich wagte nicht, meine Hand durch die Bruchstelle in meiner Gefängnismauer zu strecken.

Während Pater Powell die Schlussworte seiner Botschaft sprach, räumte ich gerade mein Essgeschirr ins Spülbecken. Danach ging ich zum Kassettenrekorder, um ihn abzustellen. Doch mitten in der Bewegung hielt ich plötzlich inne. *Existiert Gottes Liebe tatsächlich – oder doch nicht?* Mehrere Monate lang hatten mir Jenny und Maria von ihrer wundervollen Entdeckung erzählt – der verzeihenden Liebe eines himmlischen Vaters. *Kann es nicht sein, dass diese auch für mich existierte?*

Ohne dass ich eine wirklich bewusste Entscheidung getroffen hätte, entschied etwas in meinem Inneren, dass ich selbst darum bitten musste. Also ließ ich das gebrauchte Geschirr und den Kassettenrekorder in der Küche, ging still in mein Schlafzimmer und kniete zum ersten Mal seit sehr langer Zeit wieder neben meinem Bett nieder.

„Gott, ich weiß nicht, wie ich anfangen soll ... aber

ich kann mit dieser Leere, dieser Trostlosigkeit in mir nicht mehr weiterleben. Meine Freunde sprechen so persönlich von dir. Sie sagen, dass du all unsere Sünden vergibst. Kann ich es auch wagen, darum zu bitten? Ich wünschte, du könntest auch mir vergeben, Herr. Ich empfinde eine solche Reue; ich bereue so sehr – bereue so sehr, mein Kind abgetrieben zu haben ..."

Unter Tränen betete ich weiter: „Gott, ich bereue es so sehr. Ich habe nie die Absicht gehabt, mein Leben zugrunde zu richten. Aber trotzdem ist es jetzt so weit gekommen. Ich kann diesen Schmerz, diese Schuld, diese Bedrücktheit und diese Selbstverachtung nicht länger ertragen. Kannst du mir helfen? Bitte! Ich weiß nicht, was ich noch sagen soll. Mit Worten ist es ganz sicher auch nicht getan. Aber wenn du mir vergeben kannst ... Ich kann diesen Schmerz nicht mehr ertragen, und ich bereue so sehr, was ich getan habe."

Dann sank mein Kopf aufs Bett, und ich wurde von Weinkrämpfen überwältigt. Tränen brannten mir in den Augen, und mein ganzer Körper bebte, während ich aus tiefster Seele wehklagte. Die Qual, die Angst, die Verwirrung, die sich in den letzten Monaten angestaut hatten – all dies verschmolz zu einer inbrünstigen Klage. Zwei Stunden lang kniete ich dort, bald weinend, bald betend, und lieferte Gott meinen Schmerz aus, denn es überstieg einfach meine Kräfte, noch länger zu versuchen, ihn allein zu tragen.

Kurz vor Mitternacht brach der Strom der Tränen ab. Ich war endlich leer. Es war jedoch nicht die beängstigende Hohlheit, die mich so lange gequält hatte, sondern ich fühlte mich gereinigt – wie ein Gefängnis, dessen Modergeruch und dessen Keime durch einen frischen Wind hinausgeweht worden waren. Als ich mich endlich erhob, war es fast, als ob mich starke Arme auf die Füße stellten.

Es war nicht so, dass ich himmlische Visionen gehabt hätte. Nein. Mein Kopf war leer, und ich hatte nur noch einfache Bedürfnisse. Ich ging unter die Dusche, trocknete meine Haare, putzte mir die Zähne und ging ins Bett. Ich hatte all meine Gefühle Gott dargebracht und war nun völlig erschöpft.

Am Montagmorgen erwachte ich wie üblich sehr früh. Aber noch bevor ich mir den Schlaf aus den Augen gerieben hatte, wusste ich, dass etwas in mir vorgegangen war. Es war ein äußerst merkwürdiges, ein ungewöhnliches Empfinden. Ich fühlte mich so leicht. Ich stand fest auf meinen Beinen, und doch war mir, als ob ich meterhoch über dem Boden schwebte. Ich war wie ein Gasballon, den man in eine Schachtel gesperrt hatte und deren Deckel nun abgenommen worden war. Ich war so fasziniert von diesem Gefühl, dass ich mir zunächst nicht im Entferntesten vorzustellen vermochte, was mit mir los war.

Als ich zwanzig Minuten später dabei war, meinen Rock anzuziehen, hielt ich plötzlich mitten in der Bewegung inne: *Der Hass ist weg – und der Schmerz. Das kann doch nicht sein ...* Noch während ich mir den Rock weiter anzog, rannte ich bereits zum Telefon und wäre dabei fast gestürzt. *Kann es denn sein, dass ich wirklich frei bin?*

Ich wählte Marias Nummer. Es klingelte zum ersten Mal. Verschwunden war die Schwärze in meinem Inneren. Verschwunden waren die Schuldgefühle. Es klingelte zum zweiten Mal. Maria meldete sich. „Hallo?“

„Hier ist Susan“, schrie ich fast in den Hörer. „Etwas Erstaunliches ist passiert.“

„Was?“, fragte sie und ließ sich von meiner Aufregung anstecken.

„Ich weiß nicht. Ich verstehe das alles nicht. Ich habe mir eine Kassette angehört, die Jenny mir gegeben hat – etwas über Vergebung. Dann habe ich auf den Knien gebetet. Ich weiß, das ergibt alles keinen Sinn. Aber heute Morgen bin ich plötzlich ein anderer Mensch. Ich fühle mich so leicht wie Luft, und ich empfinde gar keine Verachtung mehr für mich. Das passt überhaupt nicht zu meinen Beratungstheorien. Man wird nicht einfach so geheilt!“

„Aber ja“, jauchzte Maria. Ich spürte förmlich, wie sie über das ganze Gesicht strahlte.

„Ja, aber, wenn das stimmt, dann ist es ein Wunder“, erwiderte ich ungläubig.

„Ja – genau!“

Wir verabredeten, dass wir uns in zwei Tagen zum Essen treffen würden.

Während dieser zwei Tage forschte ich ständig in mir nach Anzeichen dafür, dass das Wunder in sich zusammenfallen, dass das Licht der Herrlichkeit verschwinden oder meine Niedergeschlagenheit wieder über mich hereinbrechen würde. Aber die Leichtigkeit und der Friede hielten an. Es war kein zerbrechliches, ätherisches Erlebnis gewesen. Es war im Innersten meiner Seele Wirklichkeit geworden. Und es überstieg meinen Verstand, weil ich in all meinen psychologischen Lehrbüchern noch nie etwas Derartiges gelesen hatte. Wo hatten all die Berater den Anschluss verpasst?

Als ich mich mit Maria traf, fielen wir einander in die Arme. Wir waren nicht länger nur Freundinnen – irgendwie waren wir jetzt Schwestern. Die Mauer, die mich von meinen Gefühlen getrennt hatte, hatte mich auch monatelang von den Menschen isoliert. Nun war sie eingerissen.

Während des Essens erzählte ich Maria in allen Einzelheiten, was ich erlebt hatte. Maria konnte nicht aufhören, zu lächeln und Bemerkungen über mein strahlendes Gesicht zu machen. Die Heilung, die ich am Sonntag erfahren hatte, war immer noch Wirklichkeit für mich – merkwürdigerweise war sie sogar realer als der Stuhl aus Chrom und Plastik, auf dem ich saß.

Dies war ein neuer Anfang, den ich nicht für möglich gehalten hätte. Nun fühlte ich mich wieder bereit, dem Leben entgegenzutreten, bereit zu allem, was noch auf mich zukommen mochte. Es war nicht zu glauben, aber ich wusste, dass ich Gott auf meiner Seite hatte und er seine Arme schützend um mich hielt. Es war alles so fantastisch, dass es eigentlich gar nicht möglich sein konnte. Und doch war ich so glücklich, wie schon seit Monaten ... seit Jahren nicht mehr. Mit Gottes Hilfe war ich nun voller Hoffnung und Vertrauen, dass ich alles, was immer es auch sein mochte, bewältigen würde. Das hatte ich für die Zeit, die noch vor mir lag, auch nötig.

8. Lernen zu vertrauen

Während die Frühlingswärme ihren Einzug hielt, traf ich mich einmal in der Woche mit Maria, um mit ihr gemeinsam in der Bibel zu lesen und zu beten. Mein Wunsch, mehr von diesem wundervollen himmlischen Vater zu lernen, war unersättlich. Da ich mich nach einer neuen und innigen Beziehung zu ihm sehnte, begann ich auch damit, ihm täglich eine Andacht zu widmen, in der ich wunderbare Zwiesprache mit ihm hielt und ihm für meine Heilung dankte.

Zum ersten Mal seit mehr als zwei Jahren fühlte ich mich unversehrt und frei von Schuld.

Da mein Leben einen neuen Anfang genommen hatte, fragte ich mich, was wohl noch alles vor mir liegen mochte. Es tat so gut, die Freude und die Freiheit zu genießen, die mir das Erlebnis meiner Heilung gebracht hatte. Und doch sollte ich noch lernen, dass ein christliches Leben nicht auf eine einmalige, transzendente Erfahrung aufbauen kann. Eine schmerzhafte Entwicklung stand mir schon bald bevor.

Im Hochsommer reifte in mir das Verlangen, mein Leben und meine Arbeit Gott zu widmen. Wie wunderbar wäre es, wenn ich mit meinen Fähigkeiten als Beraterin in irgendeiner Weise dazu dienen könnte, andere Menschen zu heilen. Ich spürte unmittelbar: Gott wollte, dass ich meinen Weg mit ihm zusammen gehen und eine seelische Kraft entwickeln sollte, indem ich still wurde und auf seine Stimme hörte. Deshalb bat ich ihn wieder und wieder, mich bei meinen ersten zaghaften Schritten auf dieser neuen Reise zu leiten.

Aber ich bin mir nicht sicher, ob ich Gott so ungeduldig darum gebeten hätte, mir seinen Willen zu offenbaren, wenn ich gewusst hätte, was das für mich bedeuten würde!

Es gab noch vieles, was ich auf meinem Weg als Christin lernen musste. Eine der wichtigsten Lektionen betraf jedoch meine Einstellung zu materiellen Gütern. Als es sich im Frühjahr 1976 endgültig herausstellte, dass unsere Ehe nicht mehr zu retten war, und ich mehrmals mit Frank wegen der Aufteilung unseres gemeinsamen Eigentums zusammenkam, war ich fassungslos über die Rücksichtslosigkeit, die er in meinen Augen offenbarte und die ich in diesem Maße bei ihm noch nicht bemerkt hatte. Ich hatte das Gefühl, als ob er mir alles, was ich ihm angetan hatte, heimzahlen wollte. Konnten wir bei den meisten Haushaltsgegenständen noch eine Einigung erzielen, so war es bei den großen Posten, wie dem Haus, den Pferden, den gemeinsamen Konten und Krediten, eine völlig andere Sache.

Frank drohte mir wörtlich damit, dass er mir „tüchtig einheizen“ werde, wenn ich seine Vorstellungen bei der finanziellen Regelung unserer Angelegenheiten nicht akzeptierte – d. h. er wollte den Richter nicht nur über meine Affäre, sondern auch über meine Schwangerschaft und die Abtreibung aufklären, wenn ich nicht mit meiner Unterschrift die Einwilligung dazu gäbe, dass ihm die meisten großen Posten überschrieben wurden. Nach meinen früheren Erfahrungen wusste ich, dass dies keine leere Drohung war.

Ich war erschüttert. Obwohl ich zunächst Angst vor Franks Abgebrühtheit hatte, Angst davor, dass ich vielleicht mit nichts abgespeist würde, verließ mich mein unterschwelliger Friede doch nie. Jedes Mal, wenn ich betete, spürte ich, wie Gott mir einen Stoß gab und sagte: *Vertraue mir. Ich kümmere mich um dich. Vertraue nicht auf weltliche Dinge. Vertraue auf mich.*

Und irgendwie kam es mir so vor, als ob ich immer wieder auf die Stelle im Lukas-Evangelium, Kapitel 12, Verse 22 bis 31, stieß, wo Jesus sagt: „Macht euch keine Sorgen um euren Lebensunterhalt, um Essen und Kleidung ... Euer Vater im Himmel weiß doch genau, dass ihr dies alles braucht. Sorgt euch vor allem um Gottes neue Welt, dann wird er euch mit allem anderen versorgen."

Macht euch keine Sorgen. Ich dachte über diese Worte nach.

Sorgt euch um Gottes neue Welt. Bedeutete dies, dass er für mich eine spezielle Aufgabe in seinem Dienst vorgesehen hatte? Bei der Flut von gesetzlichen Regelungen, denen ich damals gegenüberstand, hatte ich jedoch nicht viel Zeit, darüber nachzudenken, um was für eine Aufgabe es sich dabei wohl handeln konnte.

Dieses absolute Vertrauen auf Gott, was mein Wohlergehen anbetraf, war neu für mich und stand in völligem Gegensatz zu dem, was die Welt uns lehrt. Aber je mehr ich betete, desto mehr überzeugte mich der Herr davon, dass ich ihm tatsächlich vertrauen sollte. Wenn ich seine Wege gehen und seinen Willen erfüllen sollte, dann war es das Beste für mich, möglichst bald zu lernen, mich seiner Führung anzuvertrauen.

So wurde ich also mit sehr wenig Geld, meinen Kleidern und meiner alten Freundin Morning Mist, die mir seit meiner endgültigen Trennung von Frank noch wertvoller geworden war, vor die Tür gesetzt.

Wochenlang erfüllte mich die Scheidung mit Trauer – Scheidung war immer etwas gewesen, das nur anderen Menschen widerfuhr. Aber ich war keineswegs bereit, die Verantwortung dafür ganz allein auf mich zu nehmen – nun, da ich klar erkannte, dass Frank seinen Traum von einer Millionenkarriere mehr geliebt hatte als mich. Andererseits war es nicht zu leugnen, dass die Scheidung tatsächlich eine Folge meiner Affäre war. In diesem Punkt konnte ich also die Verantwortung nicht von mir weisen.

Doch dann dachte ich: *Unter diese Angelegenheit kann ich jetzt einen Schlussstrich ziehen.* Und wenn ich zu beten begann, erhielt ich die Antwort: *Frank will nun einmal seinen Willen durchsetzen. Überlass ihn also jetzt mir. Ich weiß, was ich mit deinem Leben anfangen werde. Es ist mein Wunsch, dass du nach meinem Willen lebst.*

Zorn und Bitterkeit über die schreckliche Ungerechtigkeit unseres finanziellen Ausgleichs hätten mich zugrunde richten können. Aber ich entschied mich dafür, die Situation aus Gottes Perspektive zu sehen. Nun, da die meisten weltlichen Verbindungen zu meiner Vergangenheit abgebrochen waren, konnte ich vielleicht wieder bei Null anfangen und mir ein neues Leben aufbauen. Gott und ich würden neu beginnen. Aber wie blind war ich doch den Dingen gegenüber, die mich noch immer an mein vergangenes Leben banden.

In dem Sommer, in dem ich meine Abtreibung vornehmen ließ, beendete auch Daniel sein Studium und nahm im Anschluss daran eine Stelle an der Westküste an. Obwohl sich unser Kontakt seit seinem Umzug auf das Minimum beschränkt hatte, hatte ich mich in emotionaler Hinsicht noch immer nicht ganz von ihm gelöst. Was ihn anbetraf, so war seine Bindung an mich sogar noch viel stärker. Denn in unregelmäßigen Abständen bekam ich immer wieder Briefe von ihm, in denen er schrieb, dass er immer noch das Gefühl habe, mich sehr zu lieben. Zunächst schlug ich jedoch all seine Bitten ab, dass wir uns über ein verlängertes Wochenende treffen sollten. Als dann aber feststand, dass meine Ehe geschieden würde, gestattete ich meinen Gedanken und Gefühlen, sich wieder Daniel zuzuwenden. So zahlte sich seine Beharrlichkeit aus, als ich endlich einwilligte, mich mit ihm an dem Wochenende nach dem Scheidungstermin zu treffen. Ich hatte ihn über ein Jahr nicht gesehen und war neugierig, was ich nun für ihn empfinden würde.

Er war immer noch der liebevolle, sensible Daniel, den ich von früher her kannte. Während wir spazieren gingen, nahm er mich zärtlich bei der Hand und hörte sich alles an, was mich gerade bewegte. Aber aus irgendeinem Grund fand ich es schwierig, mit ihm über meinen neu gefundenen Glauben zu sprechen. Es kam mir wie Heuchelei vor zu reden, da ich doch mit ihm Ehebruch begangen hatte. So wurde Jesus Christus in unserer wieder aufgenommenen Beziehung an den Rand gedrängt, und ich war nicht in der Lage, Daniels sanfter Berührung zu widerstehen. Wie sehr brauchte ich gerade damals einen warmherzigen, einfühlsamen Mann!

Aber jedes Mal, wenn ich bei ihm war, empfand ich eine merkwürdige Unruhe. Ich hätte Daniels Gegenwart als das letzte Steinchen eines Mosaiks betrachten können: Meine Ehe war zerbrochen, und dieser liebevolle Mann wartete nur darauf, mich mit offenen Armen aufzunehmen. Aber die Affäre und die daraus folgende Abtreibung waren die schlimmsten Erlebnisse meines Lebens gewesen, und Daniel hatte dabei eine maßgebliche Rolle gespielt. Andererseits fühlte ich mich zu diesem wundervollen Menschen hingezogen und war hin und her gerissen, ob ich die Beziehung beenden oder zulassen sollte, dass sie ihren Fortgang nahm.

Gott darum zu bitten, mich zu leiten, erschien mir als Heuchelei. In gewisser Hinsicht wollte ich gar nicht hören, was Gott sagte, denn ich hatte das starke Empfinden, dass diese Beziehung nicht seinem Willen entsprach. Aber als Daniel nicht aufhörte, darauf zu dringen, dass wir uns häufiger treffen sollten, hatte ich nicht den Mut, ihn völlig abzuweisen, wenn wir auch keine körperlichen Beziehungen mehr miteinander hatten. So brachten mich meine Gefühle und emotionalen Bedürfnisse allmählich von Gott ab.

* * *

Auch mein Umzug änderte nicht viel daran. Im Frühherbst hatte ich ein Stellenangebot der Universität in Detroit angenommen und bald darauf ein kleines Haus auf dem Lande mit einem Stall für Morning Mist gefunden.

Zuerst war ich recht einsam. Evanston, wo Maria und Jenny wohnten, war nun mehrere Stunden von mir entfernt. Und wenn ich abends von der Arbeit nach Hause kam, klingelte kein Telefon, da ich in dieser Gegend noch keine Freunde gefunden hatte. So sehnte ich mich mehr und mehr nach Daniels Anrufen und Briefen. Er füllte wieder einmal eine unbeschreiblich große Leere in mir aus.

Doch im November, nur wenige Wochen nach meinem Umzug, trat Gott auf dramatische Weise wieder in mein Leben.

Eines Nachts schreckte ich durch lautes Poltern aus dem Schlaf. Mit verschlafenen Augen sah ich auf den Wecker auf meinem Nachttisch: Viertel nach drei. Was war los ...? Wieder hörte ich das Poltern, irgendwo draußen im Hof.

Ich zog mir Jeans und Parka über und eilte hinaus in die Kälte. Der Mond schien nicht, und mich umfing schwarze Nacht. Während ich mich vorsichtig umsah, drang die Kälte durch meine Schuhsohlen. Als ich das Poltern erneut hörte, wusste ich sofort, dass es hinter der Scheune herkam. Ich rannte vom Hintereingang des Hauses zur Scheune und sah, dass Morning Mist nicht im Stall war. Sorgenvolle Gedanken schossen mir durch den Kopf, da sie trächtig war. Ich tastete mich stolpernd um die Scheune herum. In der Dunkelheit konnte ich Morning Mists graue Gestalt schemenhaft in der Nähe des Zaunes ausmachen, wo sie auf dem Boden lag.

Als ich auf sie zuging, durchfuhr mich der Gedanke, dass etwas Fürchterliches geschehen sein musste: Sie rollte sich immer wieder von einer Seite auf die andere, als sei sie im Fieberwahn und habe Schmerzen. Sie war schweißnass.

Ich musste verhindern, dass sie sich bei ihren wilden Bewegungen ein Bein brach, und zwang sie schließlich irgendwie auf die Beine. Sie stand zitternd in der kalten Nachtluft. Deshalb bugsierte ich sie schiebend und ziehend wieder in den Stall. Ihre Augen waren glasig, und als ich sie abrieb und ihr eine Decke überlegte, schnaubte sie nicht, wie sie es sonst tat.

Dann rannte ich mit klopfendem Herzen ins Haus und empfand dabei ein furchtbares Gefühl von Verlassenheit. Gleich nachdem ich Morning Mist in ihrem fürchterlichen Zustand vorgefunden hatte,

hatte ich zu beten begonnen. Und als ich an der Tür auf der Rückseite des Hauses angekommen war, konzentrierte ich mein Gebet darauf, Hilfe zu finden. Irgendetwas Schreckliches war geschehen, und ich fürchtete, dass vielleicht noch eine Lungenentzündung als zusätzliche Komplikation hinzukommen könnte. *Vater, ich kenne nicht einmal einen Tierarzt in dieser Gegend. Und es ist vier Uhr morgens.*

Ich ergriff das Telefonbuch, entschied mich für den erstbesten Tierarzt und wählte zitternd dessen Nummer. Der Telefondienst des Tierarztes legte Wert auf die Feststellung, dass ich keine „Stammpatientin", sondern ein Neuankömmling war. Ob ich wüsste, dass es mitten in der Nacht und Dr. Hall zu Hause war und schlief? Ich bat darum, dass er trotzdem angerufen würde. Dann legte ich den Hörer auf und wartete.

Schon wenig später klingelte das Telefon. Ich riss den Hörer hoch und hörte eine verschlafene Männerstimme. Ob das wirklich ein Notfall sei. Ich bat vielmals um Entschuldigung, dass ich um diese Zeit anrief. Als ich dann aber Morning Mists Verhalten schilderte, war er sofort hellwach und notierte sich die Wegbeschreibung zu meinem Haus.

Nachdem wir aufgelegt hatten, eilte ich wieder zur Scheune. Im grellen Licht einer nackten Glühbirne machte Morning Mist einen elenden Eindruck. Ihr Stirnhaar war schweißnass, und sie ließ den Kopf mutlos hängen. *Bitte, Herr,* betete ich, *bitte, Herr. Nimm sie mir nicht! Sie ist alles, was ich noch habe. Sie ist wie meine beste Freundin. Wenn ich etwas verlieren soll, dann nimm das Fohlen, aber lass Morning Mist leben.*

Zwanzig Minuten später kam Dr. Hall und überprüfte ihre lebenswichtigen Funktionen. Nachdem er eine innere Untersuchung vorgenommen hatte, meinte er: „Der Tastbefund ist nicht gut. Das Fohlen fühlt sich sehr klein an. Wenn man bedenkt, wie weit die Tragezeit fortgeschritten ist, scheint mir irgendetwas nicht in Ordnung zu sein."

Er machte mir zusätzlich die erschreckende Mitteilung, dass ihre Temperatur stieg. Sie hatte sich eine schwere Kolik zugezogen, was bei Menschen einer Grippe entspricht. Er gab ihr eine fiebersenkende Spritze und äußerte sich bedenklich über eine mögliche Lungenentzündung und das Leben des Fohlens.

„Aber es besteht doch keine Gefahr, dass ich sie verliere?"

Die Tatsache, dass er mir keine klare Antwort gab, versetzte mich in Schrecken. Er riet mir, mit ihm in Verbindung zu bleiben, und sagte, dass er für mich und mein Pferd jederzeit abrufbereit sei.

Es dauerte lange, bis der Morgen dämmerte. Ich war bei meiner geliebten Stute geblieben, aber ihr Zustand verschlechterte sich stetig. Manchmal stand sie stundenlang teilnahmslos da, dann wieder warf sie sich in ihrer Benommenheit krachend gegen die Wände. Ich schaffte es nicht, sie zum Fressen oder Trinken zu bewegen. Sie trocknete allmählich aus. Mir rollten Tränen über die Wangen.

Als der Tag hereingebrochen war, kehrte ich ins Haus zurück, sah aber in Abständen von ungefähr zwanzig Minuten nach ihr. Um die Mittagszeit rief ich noch einmal Dr. Hall an. „Ihr Zustand hat sich nicht gebessert", berichtete ich.

„Überhaupt nicht? Das verstehe ich nicht. Ich habe ihr doch eine starke Dosis verabreicht."

Später kam er wieder, um sie noch einmal zu untersuchen. Danach machte er mir mit einem bedauernden Kopfschütteln eine traurige Mitteilung: „Sie hat eine Lungenentzündung."

Ich war gereizt vor Übermüdung und wollte nichts davon hören.

Er versprach mir, sie in seine Klinik zu bringen, wenn sie bis zum folgenden Morgen nicht auf die Medikamente anspreche. Als er ging, murmelte er vor sich hin: „Versteh ich einfach nicht. Mit dem Fohlen stimmt was nicht."

Ich rief die Universität an und bat meine Sekretärin, die Nachmittagstermine mit einigen Studenten abzusagen. Glücklicherweise brauchte ich an diesem Tag keine Vorlesungen zu halten. Als ich auflegte, verschleierten mir Sorge und Einsamkeit das Bewusstsein. *Herr, warum antwortest du nicht auf meine Gebete? Warum machst du Morning Mist nicht gesund? Was verlangst du von mir?*

Stundenlang versuchte ich mich durch Lesen abzulenken. Aber es gelang mir nicht. Meine Gedanken schweiften immer wieder ab zum Stall. Und alle zwanzig Minuten sah ich nach meiner Stute. Wenn sich ihr Zustand überhaupt änderte, dann zum Schlechten hin. Am Abend fuhr ich bei Dr. Hall vorbei, der mich ermutigte, ihn jederzeit anzurufen, wenn ich ihn brauchte. Erschöpft stellte ich meinen Wecker und sank aufs Sofa.

Um zwei Uhr nachts riss mich das Klingeln aus dem Schlaf. Ich stand auf und tastete mich durch die Dunkelheit. Noch bevor ich die Scheune erreichte, hörte ich wieder das fürchterliche Krachen.

Ich rannte in die Scheune und schrie auf vor Entsetzen und Trauer: Morning Mist warf sich gegen die Seitenwände ihres Stalles. An einem Nagel, der aus der Wand hervorragte, hatte sie sich in ihrem

Fieberwahn ein Auge verletzt, so dass ihre Blesse voller Blut war.

Ich musste mich bei dem Anblick beinahe übergeben. „Oh Gott, nein ...“, stöhnte ich, „sie ist alles, was ich noch auf der Welt habe ... Bitte, Gott ...“

Als meine Beine mich wieder zu tragen vermochten, eilte ich ins Haus, um Dr. Hall anzurufen.

„Ich bin gleich da“, erwiderte er verbissen, als ich ihm die Situation geschildert hatte. „Und bleiben Sie aus dem Stall! Es könnte sein, dass sie Sie zertrampelt, ohne zu wissen, was sie tut.“

Ich legte auf und fiel, da ich nicht wusste, was ich sonst tun sollte, auf die Knie. Nachdem ich zwei Nächte lang kaum geschlafen hatte, ließ ich meinen Gefühlen freien Lauf. Unter Tränen betete ich: „Herr Jesus, über vierundzwanzig Stunden lang habe ich dich darum gebeten, meine Stute zu retten. Sie wird wahrscheinlich die Nacht nicht überstehen, und ich verstehe nicht, warum du mein Gebet nicht erhörst. Du weißt doch, wie sehr ich sie liebe. Kannst du nicht einfach das Fohlen nehmen und mir Morning Mist lassen?“

Irgendwo in meinem Inneren hatte ich die unbestimmte Vorstellung, dass Gott Morning Mists Leben erhalten würde, wenn ich ihm das Fohlen als Opfer anbot. Unter Beratern würde man sagen, ich versuchte mit Gott zu „handeln“. Aber in diesem Moment dachte ich nicht in beruflichen Bahnen.

Während ich wieder einmal auf den Tierarzt wartete, setzte ich meine Zwiesprache mit Gott fort. Ich sagte ihm, dass ich weder begreifen könne, warum er das tat, noch hinter meinem persönlichen Unglück seine Vorsehung erkannte, aber dass ich dennoch bereit sei, darauf zu vertrauen, dass er mein Unglück zum Guten wenden würde. Gott muss dieses schwache Gebet erhört haben. Denn noch während ich dort, mit dem Gesicht in den Händen, kniete, überkam mich ein merkwürdiger Frieden. Inmitten dieser Tragödie empfand ich einen Frieden, den ich nie zuvor empfunden hatte.

Irgendwoher fand ich die Kraft, Worte zu äußern, die mich in Erstaunen versetzten: „Herr, ich weiß, dass du für mein Leben das Beste willst. Wenn du Morning Mist wirklich haben willst, dann brauchst du sie dir nicht zu nehmen – ich gebe sie dir. Du kommst an allererster Stelle. Obwohl ich nicht begreife, welchen Sinn dies hat, übergebe ich dir diese meine Freundin, die ich so sehr liebe."

Da hörte ich, wie auf der Einfahrt eine Wagentür zugeschlagen wurde. Ich ging zur Rückseite des Hauses und traf dort mit Dr. Hall zusammen. „Es tut mir Leid", sagte ich und fing wieder an zu weinen, „aber ich kann einfach nicht mit Ihnen hineingehen. Es ist zu schrecklich für mich, sie leiden zu sehen."

Er verschwand ohne mich in der Dunkelheit und war nach kurzer Zeit wieder zurück. „Sie ist außer sich vor Fieber und Schmerzen. Es ist völlig ausgeschlossen, dass sie es bis zum Morgen schafft. Es tut mir Leid, aber ich muss sie einschläfern."

Ich konnte nichts erwidern. Ich nickte nur, weil ich einsah, dass sie von ihren Schmerzen erlöst werden musste.

Mit tieftraurigem Herzen saß ich am Küchentisch und wartete zehn lange Minuten. Dann schlurfte Dr. Hall herein. Niedergeschlagen meinte er: „Ich konnte ihr die Spritze in die Halsvene geben. Es hat nur einige Minuten gedauert. Sie hat es überstanden. Es tut mir sehr Leid für Sie, Susan. Ich sehe, wie sehr Sie an ihr hingen."

Er sagte, er würde ihren Körper am Morgen mit einem Lastwagen abholen lassen. Ich nickte, dankte ihm und sah seine Scheinwerfer immer kleiner werden, während er auf der Einfahrt rückwärts davonfuhr. Dann ließ ich meinen Kopf sinken und weinte bitterlich.

Ich hatte meine Freundin und Kameradin verloren, das letzte Wertvolle, was ich auf Erden besaß.

Bald darauf, obwohl es erst vier Uhr morgens war, rief ich Jenny in Chicago an. Voller Mitgefühl hielt sie lange am Telefon aus, um gemeinsam mit mir zu ergründen, warum das geschehen war. Warum hatte Gott das zugelassen? Nachdem wir über eine Stunde miteinander geweint und gesprochen hatten, legten wir auf, ohne eine befriedigende Antwort gefunden zu haben.

Doch als ich dann ins Bett sank, kam mir flüchtig ein merkwürdiger Gedanke – der ganz gewiss nicht meinem armen, benommenen Kopf entstammte: Als ich mein Kind abgetrieben hatte, hatte ich das Leben des Kindes vernichtet, um mich selbst zu retten. Aber das war mir nicht gelungen. Ich hatte nur Schmerz und seelischen Tod gefunden. In derselben Weise hatte ich Gott das Leben des Fohlens als Gegenleistung für das Leben meiner Stute angeboten. War das eine Schutzmaßnahme? Hatte ich versucht, etwas mir Teures zu schützen, etwas, von dem er wollte, dass ich es ihm opferte?

Ich war zu müde, um mich weiter mit all diesen Fragen auseinander zu setzen, und so schlief ich bald ein.

Aber in den folgenden Tagen kristallisierte sich die Wahrheit heraus.

„Zufälligerweise" hatte ich Daniel zugesagt, mich mit ihm am Wochenende nach Morning Mists Tod bei seinen Eltern zu einer besonderen Familienfeier zu treffen. Er hatte mich mehrere Wochen lang darum gebeten, und obwohl es mir widerstrebte, fuhr ich schließlich hin.

Während des ganzen Wochenendes hatte ich in Daniels Gegenwart ein ungutes Gefühl. Früher war ich geradezu süchtig nach dieser Beziehung gewesen, aber nun schienen alle meine Gefühle für Daniel zu zerrinnen. Zwar war ich immer noch der Meinung, dass er ein gütiger, einfühlsamer Mensch war – aber mein Verlangen, mit ihm zusammen zu sein, schwand mit jeder Minute mehr dahin. Ich war nur noch von dem Gedanken erfüllt, dass diese Beziehung eine Sucht sei, die ich Gott zuliebe aufgeben sollte.

Die ganze Zeit ging mir der Bibelvers durch den Kopf, den ich im ersten Korintherbrief gefunden hatte und in dem die Rede war von einer „neuen Schöpfung" und davon, dass „Altes vergehen" wird.

Dies war der Zeitpunkt, zu dem sich die Ereignisse der vergangenen Woche klärten. Gott hatte tatsächlich versucht, mir eine ganz wichtige Botschaft zu übermitteln. Aber ich hatte hartnäckig an meiner Beziehung zu Daniel festgehalten, obwohl sie eindeutig falsch war. Oh ja, ich hatte dafür gesorgt, dass sie einen guten Anstrich bekam. Ich hatte sexuelle Kontakte vermieden. Ich hatte Gott alle guten Eigenschaften Daniels vor Augen geführt. Aber diese Beziehung war schon von Anfang an Unrecht gewesen. Sie hatte schlechte Früchte getragen – eine Affäre, eine Abtreibung, eine zerstörte Ehe. In Gottes Augen würde sie nie rechtmäßig sein.

Ich erkannte, wie teuer ich dafür hatte bezahlen müssen – mit dem Leben meines geliebten Pferdes –, bevor Gottes Botschaft mein uneinsichtiges Herz erreicht hatte. Ich war voller Ehrfurcht und Demut. Und ich wusste nun, was ich zu tun hatte.

Diesen Entschluss teilte ich Daniel am Sonntagnachmittag bei einem Spaziergang in einem Wald in der Nähe seines Elternhauses mit. Er konnte nicht begreifen, warum wir unsere Beziehung abbrechen mussten, und machte einen unglücklichen Eindruck. Aber weder sein unglückliches Gesicht noch sein Flehen änderten meine Meinung.

Wir trennten uns verkrampft und beklommen. Ich wusste, ich würde ihn nie wiedersehen – und das war selbst mit dem Gefühl von Gottes Gegenwart schwer.

Im Flugzeug auf dem Weg nach Hause empfand ich zwar Trauer, aber hauptsächlich Erleichterung. Das Bewusstsein, dass Gott wirklich dabei war, mich „neu zu erschaffen", erfüllte mich mit Freude. Das Alte wurde hinausgefegt, um Platz für das Neue zu schaffen.

Als ich aus dem Flugzeug stieg, hatte ich den flüchtigen Eindruck, dass ich nun vorbereitet war für das, was vor mir lag. Ich verspürte – was war es nur? Eine „Berufung"? Entschlossen nahm ich mein Gepäck. Ich konnte es nicht genau sagen. Ich wusste nur, dass es etwas sehr, sehr Bedeutendes war.

9. Die Berufung

Fast sechs Jahre sollten jedoch vergehen, bevor ich diese Regungen erneut verspürte. Ich ging meinem Beruf in der akademischen Welt nach, stieg zur stellvertretenden Vizerektorin der Universität in Detroit auf und hatte keine Ahnung, dass mich erst ein weiterer Schock – eine jener schrecklichen Überraschungen, die das Leben bereithält – meiner besonderen „Berufung“ zuführen würde. Mit Abstand betrachtet, war es das Beste, dass es überraschend kam, denn freiwillig hätte ich diesen Weg wohl nie eingeschlagen.

Obwohl die Zeit zwischen meiner Heilung im Jahre 1976 und dieser unvermuteten Wendung der Dinge im Jahre 1982 völlig normal verlief, war doch jeder einzelne Abschnitt eine Vorbereitung auf die kommenden Ereignisse. Es waren Jahre, in denen meine Einsicht in Gottes Wege ständig wuchs.

Ich hatte ein paar gute Freunde in Detroit gefunden, aber zu einem von ihnen, Paul, hatte ich ein besonderes Verhältnis, da er aktiv an meiner Entwicklung zur Christin beteiligt war. Er war ein Student aus Texas, der zwar nicht sehr wortgewandt war, aber mir bereitwillig beistand, wenn es darum ging, mir die Sichtweise Gottes verständlich zu machen, wann immer ich Schwierigkeiten mit anderen Mitgliedern der Fakultät oder einem meiner Studenten hatte. Da wir uns jede Woche zum Gebet trafen, lernte ich mit seiner Unterstützung nicht nur ganz allmählich, was uns Gott in seiner Schrift, der Bibel, zu sagen hat, sondern auch, wie man seine Gebote in die Praxis umsetzen kann. All das war wesentlich, wenn man bedenkt, was als Nächstes folgte.

Im Laufe meines Aufstiegs auf der akademischen Erfolgsleiter belegte ich im Sommer 1981 in Harvard den Studiengang für Universitätsmanager[3] und trat anschließend in dem herrlichen, urwüchsigen Bundesstaat Maine eine Stelle als Dekan an einem kleinen College[4] an, das inmitten von sanften Hügeln und blauen Seen liegt. In Maine fühlte ich mich wie zu Hause und zog mich, wann immer es möglich war, an die Küste zurück, um in den Dünen zu wandern, mich auszuruhen und im Tosen der Brandung und in den Schreien der Möwen die Stimme Gottes zu hören.

Allerdings fuhr ich nicht oft zur Küste. Da das College, wie viele der kleinen Colleges, in einer finanziellen Krise steckte, war mein erstes Jahr als Dekan sehr hart und anstrengend. Die Krise war sogar so ernst, dass der College-Vorstand zusammen mit dem Lehrkörper im Mai für eine fünfzigprozentige Gehaltskürzung für die Dauer des Sommers 1982 stimmte.

Nach diesem harten, aber doch befriedigenden Jahr in einem neuen akademischen „Team" entschloss ich mich, an einem Meditationswochenende an der Universität in Tulsa teilzunehmen. Ich hatte mehrere Jahre lang das Seelsorgeamt dieser Universität unterstützt und 1980 schon einmal an einem Meditationswochenende auf dem wunderschönen Universitätsgelände von Tulsa teilgenommen. Dies war für mich eine angenehme Zeit der Ruhe und des seelischen Wachstums gewesen. Als ich im Juni 1982 an einem glühend heißen Nachmittag aus dem Flugzeug stieg, erhoffte ich mir eine ähnlich friedvolle Zeit.

Während ich noch mit den übrigen Teilnehmern

am Flughafen auf den Bus wartete, der uns zur Universität bringen sollte, verspürte ich plötzlich den merkwürdigen Drang, mich aus der Gruppe zu entfernen, um mich an eine im Schatten liegende Mauer des Flughafengebäudes zu lehnen und mich vor der sengenden Sonne zu schützen. Und dann stieg in meinem Inneren mit einem Mal das schlichte Gebet auf: *Herr, ich bin hier, um dem Druck des Colleges zu entkommen. Ich suche Ruhe. Aber mehr noch möchte ich deine Gegenwart in mir spüren.*

Ohne dass ich es wollte und für mich völlig überraschend fügte ich noch hinzu: *Nachdem ich mir fünf Jahre lang Wissen über dich angeeignet habe, Herr, bin ich bereit. Ja, Herr, ich bin bereit und möchte deine Nähe auf meinem Weg noch stärker spüren. Führe mich, Jesus! Zeige mir den Weg.*

Kurz darauf kam der Bus. Merkwürdigerweise verlief das Wochenende ereignislos, wenn man davon absieht, dass ich durchdrungen war von einem Gefühl großen Friedens, von der Überzeugung, dass Gott mir zu jener Zeit sehr nahe war. Das einzige Ungewöhnliche war das unbestimmte Gefühl, das ich empfand, während ich den damals neu erbauten Komplex des Krankenhauses besichtigte. Es war, als ob die Worte *Menschen seelisch heilen* in den Tiefen meines Wesens widerhallten.

Dennoch kehrte ich ganz sicher nicht nach Maine zurück, weil ich mich um das seelische Wohl anderer Menschen kümmern wollte, sondern um meine akademische Laufbahn weiterzuverfolgen. Das Herbstsemester 1982 würde genauso arbeitsintensiv werden wie die anderen. So nahm ich jedenfalls an.

Im Laufe des Sommers verschlechterte sich jedoch die Situation am College. Und drei Wochen nach Semesterbeginn ließ mich der Rektor in sein Büro rufen und machte mir eine Mitteilung, die mich wie ein Schlag traf.

„Susan“, begann er, „ich bin zu dem Schluss gekommen, dass wir als Team nicht harmonieren. Außerdem muss einer von uns beiden gehen. Sie dürfen raten, wer das ist.“

Ich lächelte. Der Rektor versetzte unser Kollegium des Öfteren mit seiner merkwürdigen Art von Humor in Aufregung. Sollte dies ein Scherz sein? Obwohl meine Handflächen feucht wurden, versuchte ich meiner Stimme den Anflug eines Lachens zu geben, als ich erwiderte: „Aber das letzte Jahr war doch sehr erfolgreich – unser gesamtes Kollegium hat den ganzen harten Sommer lang gut zusammengehalten. Würden Sie mir bitte erklären, wie Sie das meinen?“

„Ich meine, dass es hier nichts mehr für Sie zu tun gibt. Ihre Aufgabe hier ist beendet.“

Ich traute meinen Ohren nicht. „Aber Sie haben mir doch im Mai ein sehr gutes Zeugnis ausgestellt. Wir haben doch so viele Probleme gemeinsam bewältigt. Wenn ich Fehler gemacht haben sollte, die Sie mir noch nicht mitgeteilt haben, bekomme ich dann nicht zumindest eine ‚Frist‘ eingeräumt, in der ich meine Fehler wieder gutmachen kann?“

„Ich möchte darüber nicht diskutieren“, erwiderte er in einem Ton, der nicht nur kurz angebunden war, sondern mir auch unmissverständlich klar machte, dass ich entlassen sei.

„Aber das ist ungerecht.“ Ich hatte ein Gefühl in meinem Magen, als ob dort eine kalte Atombombenexplosion wütete. „Aber wie soll ich zu dieser Jahreszeit eine neue Stelle finden –?“

„Ich habe meine Gründe“, unterbrach er mich, und der zornige, scharfe Ton seiner Stimme unterstrich sein ansonsten gelassenes Verhalten. „Das war's für heute. Wir sprechen uns später noch.“ Dann bedeutete er mir unmissverständlich zu gehen.

Es war mir unmöglich, noch weiter auf dem Campus zu bleiben. Ich gab meiner Sekretärin eine fade Entschuldigung an, ging zum Wagen und sank hinters Steuer. *Jesus?*, betete ich. *Wo bist du? Wie kannst du zulassen, dass sich dieser ungerechte Mensch mir gegenüber derart tyrannisch verhält? Und noch dazu ohne Grund. Was soll aus mir werden? Wie sieht es aus, wenn ich mich für eine andere Stelle bewerbe und sagen muss, dass ich hinausgeschmissen worden bin?*

Ich fühlte mich völlig hilflos. Deshalb suchte ich am Abend Karl, einen unserer Dozenten, und seine Frau Betty auf. Sie waren gläubige Christen und hatten sich seit meiner Ankunft vor einem Jahr um mich gekümmert. Ich wusste, dass ich sie beim Abendessen stören würde, aber ich konnte es nicht ertragen, allein zu sein.

Sie waren schockiert und erzürnt über meine Nachricht. Karl prophezeite, dass es an der Fakultät einen Aufruhr geben werde, wenn herauskäme, was geschehen war. Mehrmals brach ich an diesem Abend in Tränen aus. Als sich Karl und Betty von ihrem anfänglichen Zorn beruhigt hatten, waren sie schließlich in der Lage, mit mir zusammen zu beten. Auch versprachen sie, mir weiterhin beizustehen. Wir waren zu der Ansicht gekommen, dass Gott wohl etwas Besonderes mit mir vorhaben musste, obwohl ich mir nicht im Entferntesten vorstellen konnte, die akademische Welt zu verlassen.

Was soll ich denn auch sonst tun?, fragte ich mich. Diese Frage stellte ich mir den ganzen Oktober über, während ich die zerklüftete Küste von Maine entlangwanderte oder durch die Herbstwälder streifte und

Gottes Weisung für mein weiteres Leben zu hören versuchte. Diese Zeit der Ruhe sollte, ebenso wie das Meditationswochenende in Tulsa, eine Zeit der Vorbereitung sein, eine Zeit, in der meine eigenen beruflichen Ziele und Pläne hinweggefegt wurden, so dass Platz für Größeres geschaffen werden konnte.

In jenem Herbst nahm ich an einer wöchentlichen Bibelstunde in Karls und Bettys Gemeinde teil. Wie sehr brauchte ich die Unterstützung anderer Christen, anderer Menschen, die nicht nur die Fähigkeit hatten, für mich zu beten, sondern dies auch regelmäßig taten und sich um mich kümmerten, wenn ich mir wegen meiner Zukunft Sorgen machte.

An einem dieser Gebetsabende tauchte immer wieder ein merkwürdiger Gedanke in mir auf: Sei bereit, umzuziehen. Und ein Name – der sich schnell entwickelnden Küstenstadt Portland – drängte sich mir immer wieder auf. Im Norden von Boston gelegen und keine zwei Stunden davon entfernt, übte diese alte Hafenstadt eine große Anziehungskraft auf viele Akademiker und Makler aus, und der Gedanke, dorthin zu ziehen – wo immer er auch herkam –, faszinierte mich.

Die Gebetsgruppe erklärte sich bereit, für mich zu beten, während ich für drei Tage nach Portland fuhr, „nur um zu prüfen, ob es möglich ist, dort eine Beraterpraxis aufzumachen".

Vielleicht hoffte ich insgeheim, dass ein Berater einen roten Teppich für mich ausrollen und mich bitten würde, mit ihm zusammen seine erfolgreiche Praxis zu führen. So sollte es jedoch nicht kommen. Aber während ich Erkundigungen über die Preise von Büroräumen und Wohnungen einzog, festigte sich in mir die Gewissheit, dass ich ganz bestimmt nach Portland ziehen sollte.

Um was zu tun?, fragte ich in meinem Gebet auf dem Heimweg.

Um dort Menschen seelisch zu heilen, war die Antwort.

Der Gedanke rüttelte mich auf. *Seelisch zu heilen? Aber wie soll ich damit meinen Lebensunterhalt verdienen?*

Wieder die rätselhaften Worte: *Vertraue mir.*

Voller Spannung und doch zugleich auch voller Angst zog ich also nach Portland und unterschrieb einen Pachtvertrag für ein kleines Büro in der Stadtmitte, das mir für meine Erfordernisse genau richtig erschien. Gott schien mir immer wieder zu sagen: *Es wird zwar nur ein bescheidener Anfang sein, aber baue einfach auf mich.* Mir war ziemlich beklommen zumute, schon so bald nach meinem Umzug aus dem Mittelwesten wieder entwurzelt zu werden. Ich musste daran denken, wie Petrus sich gefühlt haben musste, als Jesus ihn bat, seine Fischernetze zu verlassen und ihm zu folgen. Das akademische Leben, das ich seit Jahren kannte, die Welt, in der ich mich wohl gefühlt hatte, lag nun hinter mir. Doch immer kam von innen die Zusicherung: Dies sind bescheidene Anfänge einer Aufgabe, die ich für dich vorgesehen habe. Wie das kleine Senfkorn wird auch sie zu gegebener Zeit wachsen.

Zu gegebener Zeit. – Der Winter war kalt und mager. Ich lebte hauptsächlich von meinem Ersparten und verbrachte meine Tage damit, bei Priestern, Pfarrern, Familien- und Scheidungsrichtern und anderen Beratern anzuklopfen – kurz, bei allen, die Klienten an mich weiterleiten konnten. Bis Februar hatte ich es zumindest so weit gebracht, dass mein Telefon hin und wieder einmal klingelte.

Und immer noch wartete ich auf den sprichwörtlichen „zweiten Schuh". Doch schon einen Monat später konnte ich ein Stück des Weges erkennen, der vor mir lag.

Im März bat man mich, bei der monatlichen Zusammenkunft einer Gruppe, die sich für christliche Heilung in der heutigen Zeit interessiert, zu sprechen. Ich hatte bereits den Kaplan der Organisation kennen gelernt und ihm gegenüber erwähnt – wenn auch ohne Nennung von Einzelheiten –, dass ich selbst eine außerordentliche seelische und emotionale Heilung erlebt hatte.

Als ich mich nun vor dieser Gruppe von Menschen unterschiedlicher Konfessionen erhob, die alle an die heilende Wirkung Christi glaubten, war ich nicht auf diesen heftigen Impuls gefasst: *Erzähl ihnen alles.*

Das konnte doch wohl nicht von Gott kommen – oder doch? *Ach nein,* gab ich zurück und hielt mich am Katheder fest. *Doch nicht alles.*

Doch. Alles.

Aber nicht von der Abtreibung. Bei dem bloßen Gedanken daran wurden mir schon die Knie weich. Der Kaplan warf mir, verwundert über mein Zögern, einen fragenden Blick zu.

Doch. Auch von der Abtreibung.

Einzig und allein aus Gehorsam wagte ich von meiner demütigenden Vergangenheit zu berichten.

So erzählte ich dieser Gruppe von Berufskollegen und Laien in der nächsten halben Stunde meine Geschichte – die ganze Geschichte. Dabei überkam mich ein solcher Friede, dass ich nicht einmal ins Stocken geriet, als ich zur Abtreibung und meinem beabsichtigten Selbstmord kam. Überall im Saal sah ich tränenglänzende Augen. Vom ersten Wort an waren alle wie gebannt und blieben es, bis ich meinen Bericht mit den Worten schloss: „Die heilende Liebe Jesu Christi hat sich auf mich herabgesenkt, mich aus der Tiefe emporgehoben und mir im wahrsten Sinne des Wortes das Leben gerettet. Trotz meiner Ausbildung als Psychologin bin ich nicht in der Lage gewesen, mich aus dem Abgrund der Selbstverachtung und der Schuld zu befreien. Gott hat eine Christin gebraucht, die mir damals Beistand leistete, um mich anzurühren und meinen Schmerz zu heilen. Als ich schließlich in der Lage war, selbst bei ihm Zuflucht zu suchen, hat er mich von meiner furchtbaren inneren Qual befreit. Und ich bin der Überzeugung, dass wir alle für solch eine Heilung empfänglich sind."

Einen Augenblick lang herrschte Stille – dann wurde Beifall gespendet. Lautes und anhaltendes Klatschen begleitete mich zu meinem Platz. Dann folgten die Dankesworte des Kaplans. Als sich die Zusammenkunft auflöste, kamen viele Zuhörer mit herzlichen Worten auf mich zu und schüttelten mir die Hand.

Und dann kam sie – eine Frau, die mir während meines Berichtes wegen ihres völlig ausdruckslosen Gesichtes aufgefallen war. Flüchtig hatte ich befürchtet, dass sie vielleicht wegen meines „Geständnisses" schlecht von mir dachte. Nun stand sie da, in ihrem modischen Kostüm, mit ausgestreckter Hand und einer von Schmerz zerfurchten Stirn.

„Danke", sagte sie leise, indem sie meine Hand ergriff. „Ich hätte nicht tun können, was Sie getan haben. Wissen Sie", sie sah über ihre Schulter, um sicherzugehen, dass sich niemand in Hörweite befand, „ich habe vor mehreren Jahren selbst abgetrieben." Ihre Lippen zitterten kaum merklich. „Das habe ich mir bis heute nicht verziehen. Vielleicht können wir uns einmal unterhalten. Vielleicht können Sie mir helfen." Dann machte sie auf dem Absatz kehrt und war verschwunden. Ich blieb wie betäubt stehen. Sie sah aus wie der Inbegriff des Erfolgs. Sie hatte auf mich den Eindruck einer modernen, selbstbewussten Frau gemacht. Wie war es möglich, dass sie –

Da riss mich bereits die nächste, eine etwas ältere Frau aus meinen Gedanken. Als sie gesehen hatte, dass die erste Frau ging, hatte sie sich aus einer Gruppe an der Tür gelöst.

Sie war die zweite von drei Frauen, die im Anschluss an meinen Bericht zu mir kamen. Bei der letzten kannte ich bereits den schmerzlichen Blick und war daher auf das Geständnis vorbereitet, dass auch sie abgetrieben hatte.

Als ich am Abend die Bekenntnisse dieser armen Seelen überdachte, drängte sich mir die Frage auf: *Wie viele Frauen leiden noch daran, dass sie im Alter von fünfzehn oder sechsundzwanzig oder vielleicht auch vierunddreißig Jahren die falsche Entscheidung getroffen und abgetrieben haben? Wie viele haben einen Teil ihrer Psyche dem Tod preisgegeben und sind zu spät zu der entsetzlichen Erkenntnis gelangt, dass sie getötet haben, anstatt Leben zu schenken?*

Am darauf folgenden Mittwoch erhielt ich eine Einladung von einer regionalen Gruppe von Akademikern. Der Mann am Telefon sagte, er habe von meiner „Erfahrung" und meinem Bericht gehört und fragte mich, ob ich auch vor ihrer Organisation sprechen würde.

Ich hörte mich zustimmen. Als ich den Hörer aufgelegt hatte, hätte ich mich selbst ohrfeigen können. *Du gehst auf keinen Fall in der ganzen Stadt mit deiner dunklen Vergangenheit hausieren, sagte ich mir. Dieses Mal zeigst du bitte etwas mehr Zurückhaltung.*

Doch als ich zum Podium ging, war die Weisung in meinem Inneren unmissverständlich: *Die ganze Geschichte, Susan.* – Ich kämpfte meinen Widerwillen nieder. Allerdings fragte ich mich, ob ich wohl masochistische Neigungen hatte.

Wieder legte sich der gleiche Frieden über mich. Und ich erzählte meine Geschichte ganz natürlich.

Abermals war ich erstaunt über die Reaktionen der Zuhörer. Dieses Mal waren es zwei Frauen, die so lange am anderen Ende des Saales stehen blieben, bis sie mich allein sprechen konnten. Eine von ihnen sagte: „Ich habe meine Abtreibung noch immer nicht verkraftet. Ich hoffe, dass Sie diesen Weg weitergehen. Einige von uns sind innerlich fast tot. Irgendjemand muss mal damit anfangen, uns wieder aufzurichten."

Diesen Weg weitergehen. Irgendjemand muss uns wieder aufrichten. Diese Worte verfolgten mich wochenlang – zu Hause, im Büro, während des Gottesdienstes. Mir gefiel nicht, was ich aus diesen Worten herauszuhören glaubte. Ich hatte nicht vor, ein Schild herauszuhängen, um mit dieser Art von Heilung ein Geschäft zu machen.

Aber vor meinem inneren Auge sah ich ein Bild, das mich nicht mehr losließ: Auf der einen Seite sah ich Gott mit verzeihend ausgestreckten Händen und auf der anderen Seite Tausende von Frauen mit gebrochenem Herzen, die sich danach sehnten, die erlösenden Worte zu hören, die sie aus ihrem geistigen und emotionalen Tod auferstehen lassen würden: Auch ich verurteile dich nicht. Geh, sündige von jetzt an nicht mehr!

Aber ich sah noch ein anderes Bild vor meinem

geistigen Auge: Das gütige Gesicht meines himmlischen Vaters, der mir die Frage stellte: Liebst du mich bis zum Äußersten – bedingungslos? *Liebst du mich so sehr, dass dir auch die Menschen, die ich zu dir schicke, etwas bedeuten?*

Ich brauchte kein Schild herauszuhängen. Sehr bald schon kamen die Gebrochenen und seelisch Kranken von selbst zu mir ins Haus.

Eine der Ersten war Jacqueline.

In meinem ersten Jahr in Portland wuchs meine Praxis ständig, und es versetzte mich schon nach kurzer Zeit nicht mehr in Erstaunen, wenn hübsche, modisch gekleidete, erfolgreich aussehende Frauen zu mir kamen, um mir ihre schreiende Qual zu offenbaren. Der Schmerz kennt keine kulturellen oder wirtschaftlichen Grenzen. Aber Jacqueline setzte mich doch in Erstaunen.

Sie war jung, redegewandt und gebildet und kämpfte darum, ihre auseinander brechende Ehe zu retten – zumindest nach außen hin. Ihr „vorgebrachtes" Problem, das Problem, mit dem sie sich an mich wandte, bezog sich darauf, dass sich ihr Mann ihr gegenüber unaufmerksam und kalt verhielt. Aber hauptsächlich fürchtete sie seinen Jähzorn, insbesondere, da er sie zwei- oder dreimal geschlagen hatte. An der Oberfläche schien es sich um die ideale Ehe zweier Akademiker zu handeln, aber darunter war alles faul. Dass sie seinen Zorn fürchtete, weil sie „etwas" getan hatte, hätte mir schon einen Wink geben können. Ihre bebende Stimme und die Art, wie sie ihr Taschentuch beim Sprechen nervös verdrehte, waren Beweis genug dafür, dass sich ihre Spannung aufstaute, bis sie schließlich „auspacken" konnte.

Bei ihrem vierten Termin ließ sie dann die „Bombe“ platzen. Es ist ein in unserem Berufszweig allgemein bekanntes Verhaltensmuster, dass einige Klienten den wahren Grund für ihr Kommen erst nennen, wenn sie bereits mehrere Sitzungen hinter sich haben und auch dann erst, kurz bevor sie zur Tür hinausgehen. Gut aussehend, gut gekleidet und ganz die moderne, selbstbewusste Frau, hatte Jacqueline bereits ihre lederne Handtasche genommen und die Schlüssel zu ihrem Mercedes hervorgeholt, als sie plötzlich auf der Stuhlkante innehielt.

„Da ist noch etwas, was ich Ihnen sagen wollte“, begann sie und vermied es, mir in die Augen zu sehen. „Ich weiß genau, dass Sie mich jetzt verachten. – Ich habe vor einigen Jahren abgetrieben.“

Diese letzten Worte waren der Riss, durch den die Qual hervorquoll, die in ihr brodelte. Statt aufzustehen und zu gehen, fing Jaqueline an, haltlos zu weinen.

Minuten vergingen, in denen ich schweigend neben ihr sitzen blieb und sie in ihr mit ihrem Monogramm besticktes Taschentuch weinte. So viel Schmerz hinter so viel Schönheit. Als sie schließlich aufhörte zu weinen, fragte ich: „Warum sollte ich Sie verachten?“

Beinahe apathisch brachte sie hervor: „Weil ich mich selbst so sehr verachte. Das werde ich mir nie verzeihen können.“

Ich zweifelte nicht daran, dass sie so empfand. Deshalb wollte ich sie nicht ohne einen Hoffnungsschimmer gehen lassen, obwohl die Zeit, die ich für die Sitzung mit ihr anberaumt hatte, längst um war und auf mir bereits der Druck meines nächsten Termins lastete.

Es war mir klar, dass ich nun sehr behutsam vorgehen musste. Ich schämte mich zwar nicht meines Glaubens, aber ich hatte nicht die Absicht, ihn meinen Patienten aufzudrängen. Andererseits war mir bewusst, dass weder ihre Kultiviertheit noch ihre Schulbildung oder ihre starke Persönlichkeit Jacqueline dabei geholfen hatten, ihre Schuld aufzuarbeiten. Das war auch unmöglich.

Während Jacqueline ihre Handtasche an sich presste und weiter vor sich hinstarrte, sagte ich: „Die einzige Hoffnung, wie wir uns selbst vollkommen vergeben können, liegt meiner Erfahrung nach darin, dass wir Gott erlauben, zu uns herunterzureichen und uns anzurühren. Ich möchte Ihnen sehr gerne dabei helfen, Ihren Schmerz zu bewältigen, und wenn es Ihnen recht ist, würde ich Ihnen in der nächsten Sitzung gern einige Prinzipien erläutern, die bei dieser Vergebung eine Rolle spielen und von denen ich meine, dass sie wirklich funktionieren."

Ihr Gesicht hellte sich ein klein wenig auf. „Gut. Also dann in der nächsten Sitzung."

Als sie gegangen war, war es an mir, über einen Ausweg aus dieser Situation nachzudenken. *Herr, was soll ich Jacqueline sagen, wenn sie wiederkommt? Ich habe zwar selbst deine Nähe erfahren, aber wie kann ich ihr dazu verhelfen, sie ebenfalls zu spüren? Ich bin kein Evangelist, sondern nur eine Beraterin.*

Aber ich machte mir nicht nur wegen Jacqueline Gedanken. Binnen kurzem suchten mich auch noch andere Frauen auf, die hinter den von ihnen „vorgebrachten" Themen dasselbe Problem „verbargen".

Eine von ihnen war die neunzehnjährige Lisa, die als Schülerin erste sexuelle Erfahrungen gemacht hatte. Während sie zusammengesunken in dem Polstersessel in meiner Praxis saß, gestand sie mir, dass ihr Freund sie vor einigen Jahren gedrängt hatte, mit ihm ins Bett zu gehen. Lisa hatte nur wenig über Verhütung gewusst, und so war zwei Monate später ihre Periode ausgeblieben. Nachdem auch die zweite und dritte Periode ausgeblieben war, wandte sie sich in panischer Angst an einige Freundinnen und erfuhr zu ihrer Überraschung, dass zwei von ihnen bereits Abtreibungen hinter sich hatten. „Brauchst keine Angst zu haben“, meinten diese zu ihr. „Wenn du schwanger bist, dann bringen wir das schon in Ordnung.“

Dieses „in Ordnung bringen“ wurde für Lisa zum fürchterlichsten Erlebnis ihres jungen Lebens – nicht allein weil die Art, in der die Abtreibung im zweiten Drittel der Schwangerschaft vorgenommen wurde, ein Schock für sie war, sondern weil sie danach auch das Gefühl hatte, keine Zukunft, kein Lebensziel mehr zu haben. Außerdem hatte sie die begründete Angst, dass sie nie wieder schwanger werden könnte. Aber das war für sie kein aktuelles Problem, weil sie Männern nun misstraute und denjenigen, die sich für sie interessierten, aus dem Weg ging. Lisa hatte Depressionen als ihr Problem angegeben, aber nur zwei Sitzungen gebraucht, bis sie von ihrem eigentlichen, tiefer liegenden Problem berichten konnte.

Die zweiundvierzigjährige Sabrina erzählte mir, dass sie ihre Kinder großgezogen hatte und nun von panischer Angst davor erfüllt war, wieder ins Berufsleben einzutreten. Nachdem sie die Erwartungen ihrer Familie erfüllt hatte, kam sie sich jetzt nutzlos vor. Anfangs arbeitete ich daran, sie wieder Vertrauen in ihre Fähigkeiten gewinnen zu lassen, und ermutigte sie dazu, kleinere Aufgaben außerhalb des Hauses zu übernehmen, die ihr Selbstvertrauen fördern sollten. Aber an irgendeiner Stelle kam ich nicht weiter. Als sie mir schließlich ihre Geschichte enthüllte, rührte mich diese zu Tränen, obwohl ich es nach jahrelanger Berufserfahrung gewohnt war, solche persönlichen „Bekenntnisse“ zu hören.

Nachdem wir mehrere Sitzungen lang über ihre Misserfolgsängste gesprochen hatten, hielt sie plötzlich mitten im Satz inne: „Die Wahrheit ist, dass ich nichts habe, wofür es sich lohnt, jeden Tag aufzustehen. Wissen Sie, ich komme mir ziemlich minderwertig vor."

Dann erzählte sie unter Tränen die Geschichte ihrer Abtreibung. Im Alter von siebenunddreißig Jahren hatte sie festgestellt, dass sie schwanger war. Diese Schwangerschaft war nicht geplant gewesen, und sie fürchtete sich davor, wieder ganz von vorne beginnen zu müssen, während ihre zwei anderen Kinder bereits in der Schule waren. Ihr Mann, den sie nach seiner Meinung fragte, zuckte nur mit den Schultern. Ihm lag nichts an einem weiteren Kind, und außerdem, so sagte er, sei es ihr Körper, und sie habe das Recht zu entscheiden, was damit geschehen solle.

Sabrina schluckte seine Antwort „vorbehaltlos", insbesondere, da diese wie die ihr aus den Medien bekannte Abtreibungspropaganda klang. Dennoch kämpfte sie fünf Monate lang mit ihrer Entscheidung und rang sich erst in letzter Minute zu einer Abtreibung durch. Auch Sabrina war in keiner Weise auf die Höllenqualen vorbereitet, die sie durch die Abtreibung erleiden sollte.

Nachdem der Arzt ihr eine Salzlösung in die Gebärmutter injiziert hatte, ließ man sie allein auf einer Tragbahre liegen, wo sie anderthalb Stunden lang das Schlagen und Treten ihres Kindes ertragen musste, das langsam verbrannte. Obwohl sie noch Tage danach weinte, brachten ihr die Tränen doch keine Befreiung von der erdrückenden Schuld, ihr Kind ermordet zu haben.

„Es ist zu spät für mich", beendete sie ihren Bericht niedergeschlagen und mit der Stimme einer verlorenen Seele in der weiten Wüste. Auch die Zeit, erzählte sie, habe ihre seelische Wunde nicht heilen können, obgleich ihr der Berater in der Abtreibungsklinik gesagt hatte, dass ihre Schuldgefühle allmählich schwinden würden.

Als im Frühjahr und Sommer 1983 mehr und mehr leidende Frauen zu mir kamen, wusste ich noch immer nicht, wie ich auf die Berichte von ihren Abtreibungen reagieren sollte. Ich selbst hatte seit Jahren das Gefühl, von Gott geheilt worden zu sein, und empfand keinerlei Schuldgefühle mehr. Aber mit welcher Methode sollte ich meine Klientinnen dazu bringen, Gottes Heilung anzunehmen? Auf sie einzureden und ihnen von meiner eigenen persönlichen Erfahrung zu berichten, war ganz sicher nicht der richtige Weg. So betete ich fieberhaft um Erkenntnis.

Auf der Suche nach einer geeigneten Methode für diese Klientinnen beschloss ich, die gesamte Literatur über Studien, die sich mit den Folgen von Abtreibungen auseinander setzen, durchzuforsten. Einige Informationen, die ich dort fand, überraschten mich, vieles jedoch bestätigte einfach die Eindrücke, die ich in meiner eigenen Praxis bekam. Im Folgenden habe ich meine Erkenntnisse kurz zusammengestellt.

Die Untersuchungen zeigen, dass die Mehrzahl der Frauen, die abgetrieben haben, eines oder mehrere der folgenden Symptome aufweisen: nicht abgeschlossene Trauerarbeit, chronische Schuldgefühle, jährlich zum Abtreibungstermin wiederkehrende Depressionen, psychosomatische Beschwerden, Drogen- und Alkoholmissbrauch, Selbstmordversuche, psychotische Zusammenbrüche oder andere, weniger auffällige psychische Erscheinungen.

Die meistverbreiteten Spätfolgen nach einer Abtreibung sind Schuld- und Verlustgefühle. Nach meinen eigenen Erfahrungen kann es zwar sein, dass einige Frauen nach einer Abtreibung leugnen, sich schuldig zu fühlen, und das Thema Abtreibung dementsprechend in der Anfangsphase der Beratung meiden. Doch es kommt unweigerlich zur Sprache, vielleicht um den Jahrestag des voraussichtlichen Geburtstermins oder den des Abtreibungstags. Auf meine Frage, wie sie im Nachhinein über ihre Abtreibung denken, geben mehr als 90 Prozent meiner Klientinnen Schuldgefühle an, wenngleich diese unterschiedlich ausgeprägt sind. Andere Frauen, die vielleicht schon wegen der psychischen Folgen einer Abtreibung zur Beratung kommen, berichten, dass ihre Gefühle von einer alles überschattenden Stumpfheit über Depressionen bis zu überwältigender Reue und Bedauern reichen.

In einem Artikel aus dem Frühjahr 1980 zum Thema „Abtreibung und ihre Kosten" berichten Sexton und Maddock von einer Studie mit 64 Frauen, die sie behandelten, nachdem diese abgetrieben hatten. Dabei stellten sie fest, dass die Abtreibung bei allen ein maßgebliches lebenszerstörendes Erlebnis war. Als Folgen ergaben sich Psychosen, schwere Depressionen und selbstzerstörerisches Verhalten.

Ein hoher Prozentsatz der Frauen, die nach einer Abtreibung selbstzerstörerisches Verhalten an den Tag legen, haben auch Selbstmord in Erwägung gezogen. Laut einer Untersuchung, die die Selbsthilfegruppe „Suiciders Anonymous" (auf deutsch etwa: Anonyme Selbstmörder) mit 4.000 Frauen durchgeführt hat, haben 45 Prozent derjenigen, die einen Selbstmordversuch begangen haben, eine Abtreibung hinter sich. In meiner Praxis habe ich viele, viele Frauen erlebt, die von Selbstmordgedanken berichteten, wenn sie ihre Abtreibung noch einmal durchlebten.

Die überwiegende Mehrzahl der mir bekannten Frauen, die als junge Mädchen abgetrieben haben, hat dies nach eigenen Worten in einer Kurzschlussreaktion getan, nachdem sie festgestellt hatten, dass sie schwanger waren. Meist nahmen sie sich nur wenig Zeit dazu, ihre verschiedenen Entscheidungsmöglichkeiten zu durchdenken. Viele Frauen, die heute ihre Entscheidung bereuen, bedauern es nun, dass ihre Abtreibung so leicht möglich gewesen ist bzw. dass Freunde oder Angehörige diese als die „schnelle Lösung“ empfohlen haben. Wenn überhaupt, so sind sie nur wenig über die psychologischen und physiologischen Langzeitfolgen einer Abtreibung aufgeklärt worden.

In einer Studie zu den Risiken von Abtreibungen bei jungen Mädchen aus dem Jahr 1983 berichten Gates, Schultz und Grimes, dass das Risiko eines cervikalen Traumas[5] bei jungen Mädchen und Frauen, die noch keine Kinder geboren haben, größer ist als bei anderen. Ergänzend fügen sie hinzu, dass „ihre Erkenntnisse insbesondere deshalb so Besorgnis erregend sind, weil Verletzungen des Muttermundes bei ungeplanten Erstschwangerschaften junge Frauen anfällig für Komplikationen bei späteren, geplanten Schwangerschaften machen können“.

Ich selbst habe beobachtet, dass heutzutage viele junge Mädchen kaum Verantwortungsgefühl besitzen und sich, weil Abtreibungen leicht ermöglicht werden, automatisch für die Abtreibung entscheiden, statt sich vorher in Ruhe mit allen Informationen über Abtreibungen und ihren Folgen zu befassen. Leider lässt sich diese Beobachtung allzu oft auch auf Frauen aller Altersgruppen übertragen.

Bei Durchsicht der Fachliteratur über die psychologischen Spätfolgen von Abtreibungen machten mich auch einige der gravierenderen physischen Folgen betroffen. So enthüllte eine Studie, die 1984 vom Gesundheitsministerium an einer Bostoner Klinik durchgeführt wurde, dass 43 Prozent der Frauen, die eine Abtreibung vornehmen ließen, schon einmal abgetrieben hatten. Die Frauen benutzten Abtreibungen also als eine Art der Geburtenkontrolle, obwohl die medizinische Forschung zeigt, dass mehrfache Abtreibungen das Risiko von Komplikationen bei späteren Schwangerschaften erhöhen.

Bereits im Juni 1980 wurde darüber berichtet, dass 35 Prozent der Frauen, die zwei oder mehr Abtreibungen hinter sich hatten, bei der nächsten Schwangerschaft ihr Kind durch eine Fehlgeburt verloren. Andere Forschungsergebnisse zeigen, dass bei 2,5 bis 17 Prozent der Frauen nach einer Abtreibung Infektionen auftreten. Selbst eine kleinere Infektion kann erhebliche Schäden verursachen. Sie können sogar zu Sterilität, Unfruchtbarkeit oder einer Bauchhöhlenschwangerschaft führen. Brenner, Roy und Mishell weisen 1980 ausdrücklich darauf hin, dass bei Frauen, die zwei oder mehr Abtreibungen hinter sich haben, die Gefahr einer Bauchhöhlenschwangerschaft viermal größer ist als bei anderen. In ähnlicher Weise berichten Creasy und Herren im Juni 1981 in einem Artikel zum Thema „Verhinderung von Frühgeburten“, dass jede Abtreibung das Risiko einer späteren Frühgeburt erhöht, eine Abtreibung im zweiten Drittel der Schwangerschaft sogar um das Fünffache.

10. Innere Heilung

Als ich in der Woche nach dem Beratungsgespräch mit Jacqueline alles gelesen hatte, was ich an Literatur über die Folgen von Abtreibungen finden konnte, wuchs in mir mehr denn je die Überzeugung, dass ich unbedingt die richtigen Beratungsmethoden finden musste, um Frauen in geeigneter Weise helfen zu können, ihre unbewältigte Trauer und ihr Gefühl des Verlustes, kurz, ihre Depressionen, zu überwinden. Dann hörte ich von einer Tagung, die die so genannte „Innere Heilung" oder auch „Heilung von Erinnerungen" zum Thema hatte. Die Referenten bei dieser Tagung waren Francis und Judith McNutt, denen ihre Arbeit auf diesem bedeutsamen Gebiet internationalen Ruf eingebracht hat.

Innere Heilung, so erfuhr ich auf dieser Tagung, ist eine methodenübergreifende Beratungsform, die Praktiken aus der Psychologie mit Prinzipien der Heilkraft von Jesus verbindet. Agnes Sanford hat das Konzept der Inneren Heilung im Jahre 1950 begründet, weil sie das Gefühl hatte, dass die traditionelle Psychotherapie zwar versucht, Menschen dabei zu helfen, ihre seelischen Traumata zu „verarbeiten" oder sich durch diese durchzukämpfen, aber dabei oft nicht den Kern des Problems trifft. Bei diesem Ansatz kommt es allzu oft vor, dass die seelische Wunde nicht verheilt, sondern das Individuum nur lernt, etwas leichter mit ihr zu leben.

Als Judith, eine ausgebildete Psychologin, und Francis, ein ehemaliger katholischer Priester, uns die Theorie der Inneren Heilung nahe brachten, fragte ich mich, wie ich diese für meine Klientinnen nutzbar machen konnte. Im Verlauf ihrer Ausführungen wurde mir bewusst, dass ich im Jahre 1976 aufgrund des Kassettenvortrages von Pater John Powell selbst eine Innere Heilung erlebt hatte, als ich auf den Knien gelegen und Gott meinen Schmerz anvertraut hatte. Nur war mir damals die Bezeichnung für diesen Vorgang nicht bekannt gewesen. Aber erst als Judith am Ende der Tagung einen Heilungsgottesdienst durchführte, erkannte ich die Wirksamkeit dieser Methode in ihrer ganzen Tragweite.

Während dieses Gottesdienstes lenkte Judith die Gedanken der Zuhörer sowohl durch ihre Gebete als auch mit psychologischer Hilfe zum Ort eines von ihnen erlittenen seelischen Traumas. So vermochte zum Beispiel ein Mann, der zum Zeitpunkt der Tagung in den Vierzigern war, in seiner Erinnerung noch einmal die Nacht zu erleben, in der sein Vater betrunken nach Hause gekommen war. Dieser hatte ihn mit einem Ledergürtel heftig geschlagen und ihm ins Gesicht geschrien, er sei der letzte Dreck. Seit jenem Vorfall hatte der Mann immer wieder versucht, seine Leistungen zu steigern, zunächst in der Schule und später am Arbeitsplatz. Doch sein Selbstwertgefühl zu steigern, vermochte er auf diese Weise nicht, da sein eigener Vater eine solch schlechte Meinung von ihm hatte.

Als Judith ihm dabei half, jene traumatische Szene zu rekonstruieren, sagte sie die für mich überraschenden Worte: „Nun stellen Sie sich bitte vor, dass Jesus zusammen mit Ihrem Vater zu Ihnen ins Zimmer tritt.“ Von diesem Augenblick an spürte ich eine machtvolle Anwesenheit im Tagungsraum. Nachdem Jesus die Szene betreten hatte, war der Mann in der Lage, unter reinigenden Tränen seinem Vater aus tiefstem Herzen zu vergeben.

Die Tagung war für mich eines der bewegendsten Erlebnisse meines bisherigen Berufslebens, und deshalb machte ich mir auf dem Heimweg nach Portland immer noch Gedanken über diesen Prozess der Inneren Heilung. Konnte dies eine Möglichkeit sein, an den Schmerz und die Schuld der Frauen, die nach einer Abtreibung bei mir Trost suchten, heranzukommen? Da ungefähr acht von zehn meiner Patientinnen angaben, dass sie an Gott glaubten, konnte ich ihnen vielleicht diesen heilenden Gott nahe bringen, wenn ich meinen Mut zusammennahm. Dann fiel mir mein Terminkalender wieder ein: Eine meiner ersten Patientinnen am Montagmorgen war Jacqueline. Ich wollte bei ihr keinen Fehler begehen.

Als Jacqueline, modisch gekleidet wie immer, bei mir erschien, schenkte sie meinen Bemerkungen über ihre untadelige Erscheinung keinerlei Beachtung. Ihr ganzes Wesen schien nur die eine Ehrfurcht gebietende Frage zu bewegen: *Was können Sie tun, um mir zu helfen?*

Herr, betete ich, als ich die Tür zum Vorzimmer meiner Praxis schloss, *wenn du mich in diese Lage hineingeführt hast, dann verlass mich jetzt bitte nicht.*

Schon beim ersten Kontaktgespräch hatte ich einiges über Jacquelines religiösen Hintergrund erfahren: Ihre Familie hatte zwar einer konfessionellen Kirche angehört, aber als Jacqueline zur Schule ging, stand es ihr frei, am Sonntagmorgen zur Kirche zu gehen oder im Bett zu bleiben. Später hatte sie sich aus rein praktischen Gründen von der Kirche abgewandt. Die einzige Ausnahme bildete ihre Hochzeit, für die sie sich einen festlichen Rahmen mit farbenprächtigen Kirchenfenstern und einer brausenden Orgel gewünscht hatte.

Als ich an diesem Tag unsere Sitzung noch einmal

mit einer allgemeinen Frage zu ihrem Glauben begann, fällte Jacqueline in kritischem Ton folgendes Urteil über sich: „Ich glaube, ich habe Gott in ziemlich erbärmlicher Weise enttäuscht.“

„Aber das haben wir doch alle“, fiel ich ihr ins Wort, um ihr Trost zu spenden. „Begreifen Sie denn nicht? Darum hat er uns doch Jesus, seinen Sohn, geschenkt, der für uns gestorben ist. Sein Leben war so vollkommen, wie das bei keinem von uns möglich ist. Deshalb können Sie und ich durch sein Opfer auch zu Gott zurückfinden. Dabei ist es ohne Bedeutung, wie wir uns ihm, uns selbst oder sonst jemandem gegenüber verhalten haben.“

Diese theoretischen Ausführungen waren vielleicht doch zu viel oder zumindest zu früh für sie. Ich sah ihrem ausdruckslosen Gesicht an, dass theologische Gesichtspunkte ihr Fassungsvermögen überstiegen oder sie sich zumindest nicht vorstellen konnte, dass Gott überhaupt wünschte, sie solle zu ihm kommen.

„Jacqueline“, fuhr ich daher fort, „ich möchte Ihnen nichts aufzwingen. Aber ich würde gerne eine therapeutische Methode anwenden, die Psychologie und Glauben miteinander verbindet.“

Ich sah ihr an, wie unschlüssig sie war. Doch dann nickte sie pflichtschuldig und meinte achselzuckend: „Nun ja ... wenn Sie meinen, dass es hilft.“

„Ich glaube ganz fest daran, dass es hilft. Und solange Sie nur daran glauben, dass Gott existiert, können Sie alles andere mir überlassen. Lehnen Sie sich zurück, schließen Sie die Augen und entspannen Sie sich. Wir wollen Ihr Gedächtnis und Ihre Vorstellungskraft zu Hilfe nehmen, wenn wir uns nun in die Vergangenheit zurückversetzen.“

Sie nickte bereitwillig.

Ich holte tief Luft und bat sie dann, sich den

Klinikraum vorzustellen, in dem ihre Abtreibung stattgefunden hatte. Es folgten einige Minuten der Stille. Ihr Gesicht war kreidebleich.

„Sehen Sie, wie Sie gekleidet sind?"

Erneutes Nicken.

„Sehen Sie Ihren Gesichtsausdruck?"

Jacqueline presste ihre Lippen zusammen. Ein Gemisch aus Ekel, Hass und Schmerz verunstaltete ihr hübsches Gesicht. Es enthüllte ihre intimsten Gefühle.

„Nun möchte ich Sie bitten, sich vorzustellen, dass Jesus den Raum betritt. Sehen Sie ihn, Jacqueline? Er betrachtet Sie mit den liebevollsten Augen, die Sie je gesehen haben."

Gleich darauf nahm ihr Gesicht einen gequälten und doch sehnsüchtigen Ausdruck an – als ob sie sich zugleich verbergen und umarmt werden wollte.

„Wenn Sie ihm in die Augen schauen, wissen Sie, was er Ihnen sagen will. In Ihrer Fantasie gehen Sie jetzt auf ihn zu und lassen sich von ihm in den Arm nehmen." Da ihre Lippen bebten, hatte ich zunächst Bedenken, ob sie diesen Schritt verkraften würde. Dennoch drängte es mich, fortzufahren. „Nun möchte ich, dass Sie ihn wieder ansehen und sich anhören, was er Ihnen zu sagen hat."

Sie verzog ihre Lippen, und dann entrang sich ihr ein herzzerreißendes Schluchzen. Mein Hals war wie zugeschnürt, während der Strom ihrer Tränen ihr perfekt aufgetragenes Make-up verschmierte.

„Er sagt ... ‚Ich ... vergebe dir'", brachte sie mühsam hervor.

Dann schlug sie die Hände vors Gesicht und weinte lange. Ich legte eine Hand auf ihren Arm und betete schweigend, während Jesus sein heilendes Werk tat. Irgendwann merkte ich dann, dass aus Schmerzenstränen reinigende Tränen wurden. Und schließlich zog sie ihr besticktes Taschentuch hervor, um sich die Tränen abzutupfen, die ihr noch immer über die Wangen rollten. Ich ließ uns beide von der Stille einhüllen wie von einem schützenden Mantel. Nichts sollte diese heiligen, kostbaren Augenblicke der Heilung stören, in denen Gott bis in ihren Schoß und ihre Seele hineinreichte, um ihr neues Leben zu schenken.

Als Jacqueline schließlich wieder zu sprechen vermochte, konnte sie mir in ihrer redegewandten Art über die erstaunlichen Vorgänge in ihrem Inneren berichten.

„Es war ein furchtbarer Augenblick, als ich ihm in die Augen sah, nicht etwa, weil ich Hass in ihnen erblickt hätte, sondern wegen der unglaublichen, wunderbaren Liebe, die sie ausstrahlten. Er sah mitten in mein Herz hinein. Ich wollte ihm sagen, dass ich eine so furchtbare Reue empfand – ihn darum bitten, mir zu vergeben. Aber ich brauchte gar nicht zu sprechen. Bevor ich überhaupt ein Geständnis ablegen konnte, sagte er schon: ‚Ich vergebe dir'. Und da", setzte sie mit erstickter Stimme hinzu, „war es mit meiner Beherrschung vorbei."

Nachdem wir uns noch eine Zeit lang unterhalten hatten, beendete ich unsere Sitzung für diesen Tag und bat sie, sich in der kommenden Woche jeden Tag einige Zeit der Stille zu nehmen, um sich an die heilende Schönheit ihrer Reise mit Jesus zu erinnern. Ich erklärte ihr, dass zwar an der Tatsache ihrer Abtreibung nicht zu rütteln sei, dass aber durch Jesus der ganze Schmerz ihrer Erinnerung vergangen war.

In den folgenden Wochen und Monaten erlebte ich Ähnliches mit anderen Frauen, die ebenfalls das Entsetzen der Abtreibung erfahren hatten. Sowohl bei Lisa als auch bei Sabrina begann der Prozess der Heilung, als sie Jesus auf ähnliche Weise begegneten wie Jacqueline. Ich war erstaunt darüber, dass jede Frau, die sich dieser inneren Reise vollkommen öffnete, ungeachtet dessen, ob sie religiös war oder nicht, eine Variante der Worte „Ich vergebe dir" hörte. Zwar war bei einigen anschließend immer noch viel Arbeit zur endgültigen Heilung nötig, da zerbrochene Ehen, ein zerstörtes Selbstbewusstsein oder abgebrochene Beziehungen zu Kindern wiederhergestellt werden mussten. Aber dem Licht der Hoffnung, das ich in ihren Augen sah, entnahm ich, dass sie einen Neuanfang auf einer grundsätzlichen Basis machten. Diese Erkenntnis erfüllte mich mit unaussprechlicher Freude.

Ich wünschte, ich könnte sagen, dass jede Frau, die an den schmerzlichen Folgen ihrer Abtreibung litt und bei mir Hilfe suchte, so wunderbar von ihrem Schmerz erlöst werden konnte. Dies war jedoch nicht der Fall. Allerdings drängt es mich, hinzuzufügen, dass die Frauen, die bereit waren, Hilfe in Gott und nicht in einem Sack von psychologischen Tricks zu suchen, zu einem viel höheren Prozentsatz Heilung fanden als diejenigen, die sich auf einen strengen, klinischen Standpunkt stellten.

Ich selbst lernte bei diesen Beratungen, dass mein Hinauswurf aus dem College kein Zufall oder gar „Pech" war, sondern eine heftige, schmerzhafte Wendung, die mich anfangs aus dem Konzept brachte. Inzwischen verstehe ich jedoch, dass dies nötig war, um mir die Augen für die Not zu öffnen, die um mich herum existierte. Wenn ich durch die Straßen von Portland ging, vorbei an Damen der Gesellschaft oder lachenden Teenagern, wurde mir bewusst, dass mich jede von ihnen jederzeit in meiner Praxis aufsuchen konnte. Jede Einzelne, egal, aus welchem Milieu, konnte sich in dem Zustand des emotionalen oder seelischen Todes befinden, in den eine Frau unweigerlich gerät, wenn sie eine Abtreibung auf sich nimmt. So viele bedurften der Heilung.

Die Jacqueline, die in der Woche nach ihrer inneren Heilung in meine Praxis kam, war kaum wiederzuerkennen. Das hübsch zurechtgemachte Haar und die gepflegten Fingernägel waren dieselben geblieben, aber ihr strahlendes Gesicht ließ mein Herz vor Freude springen.

Noch bevor ich etwas sagen konnte, ergriff sie selbst das Wort: „Es ist einfach unglaublich, Susan. Ich kann nicht fassen, was geschehen ist."

Ich lehnte mich in meinem Sessel zurück und hörte einfach zu.

„Als Sie meine Erinnerungen lenkten, sah ich die ganze Szene noch einmal vor mir. Mir war vor Angst übel", sagte sie und hielt sich mit den Händen ihren Magen, „und was noch schlimmer war – dieser glühende Hass auf mich selbst und auf das, was ich getan hatte, war wieder da. Aber es war zu spät. Die Abtreibung war vorbei; der Arzt war gegangen. Ich war allein – so allein. Sie wissen nicht, wie verflucht ich mir vorkam."

Ich dachte lächelnd: *Oh doch, und ob ich das weiß.*

„Und dann nannten Sie seinen Namen – Jesus. Als ich im Geiste den Kopf hob, sah ich ihn durch die Tür kommen. Und seine Augen! Sie waren wie Ozeane. In ihnen lag all mein Schmerz. Ich hatte das Gefühl, als ob ich in seiner Liebe ertrinken könnte. In der ganzen Zeit, in der ich zur Kirche gegangen bin, habe ich Jesus nie so erlebt. Vielmehr hatte ich immer das Gefühl, dass er mir ziemlich ... fern sei, gar nicht persönlich an mir interessiert.

Dann sagten Sie, dass er zu mir sprechen würde, und" – wieder kamen ihr die Tränen, Tränen des Glücks – „das werde ich in einer Million Jahren nicht vergessen. Er sagte: ‚Ich vergebe dir.' Seitdem bin ich frei von Hass. Oh, Susan, ich bin nie religiös gewesen, aber nun spüre ich, dass ich mehr über Gott wissen möchte. Mir ist bisher nie bewusst geworden, dass er mich so sehr liebt."

Jetzt strahlte ich über das ganze Gesicht.

Anschließend sprachen wir noch einige Zeit über die Probleme, die sie in ihrer Ehe hatte, und die Kränkungen, die sie dort erfuhr. Auf diesem Gebiet gab es noch viel zu tun. Aber zumindest würde ich von nun ab mit einem psychisch gesunden Menschen zusammenarbeiten, nicht mit der zerstückelten, von Schuldgefühlen zerfleischten Jacqueline, die anfangs zu mir gekommen war. Sie würde es schaffen, und mit Gottes Hilfe konnten wir uns von nun an mit den Problemen ihrer Ehe befassen.

Ich hatte ein gutes Gefühl bei dem, was sich da vor mir auftat. Ich hatte den Schlüssel zu dem Geheimnis gefunden, wie man Frauen nach einer Abtreibung von ihren Schuld- und Verlustgefühlen befreien kann. Was mich selbst betraf, so ahnte ich, dass es für mich noch mehr zu lernen gab. Ich hatte das Gefühl, dass ein kleiner Rest von meiner eigenen Abtreibung immer noch nicht völlig aufgearbeitet war und mich daher noch nicht losgelassen hatte.

Aber damit sollte es bald ein und für alle Mal vorbei sein.

11. Für immer sein

Trotz der wundervollen Sitzung mit Jacqueline war ich nicht mehr ganz so guter Dinge, als ich in der folgenden Woche eine Frau kennen lernte, die sich auf der psychiatrischen Station des Krankenhauses befand. Eine ehemalige Klientin hatte mich angerufen und gefragt, ob ich wohl ihre Freundin Sandra besuchen würde. Da diese von einem Psychiater betreut wurde, dem es, im Gegensatz zu mir, möglich war, sie mit Medikamenten zu behandeln, zögerte ich zuerst. Aber dann verspürte ich wieder diesen mir inzwischen so vertrauten inneren Anstoß, der mich dazu nötigte, doch zu gehen. Welchen Schaden konnte ein Besuch schließlich anrichten?

Als ich Sandras Zimmer auf der psychiatrischen Station betrat, fielen mir sofort ihre Augen auf, die eigentlich hübsch, aber so leblos waren, dass es mich schmerzte. Obwohl sie präzise und zusammenhängend sprach, hatte Sandras Stimme jenen monotonen Tonfall, der Menschen ohne Hoffnung eigen ist. Ich erfuhr, dass sie zum zweiten Mal in diesem Jahr eingewiesen worden war, dass ihr Mann sie wegen einer anderen Frau verlassen hatte und ihre Kinder inzwischen erwachsen und aus dem Hause waren. Die emotionale Anspannung hatte sie so sehr niedergedrückt, dass sie schließlich das Gefühl gehabt hatte, zerbrechen zu müssen.

Im Verlauf unseres kurzen Gesprächs erfuhr ich weiterhin, dass sie sich tagsüber aus der Klinik entfernen durfte, wenn sie sich mit einer Unterschrift abmeldete. Ich schlug ihr daher vor, dass sie mich in meinem Büro aufsuchen solle. Sie erklärte sich auch dazu bereit, in der folgenden Woche zu kommen.

Sie erschien bei mir mit demselben glanzlosen Blick, den sie bereits in der Klinik gehabt hatte. Und ihre Schultern waren wie unter einer doppelten Last vornüber gebeugt. Kein Wunder, denn was sie mir berichtete, war wahrhaft tragisch.

Jahrelang hatte ihr Mann sie geschlagen, ohne dass dies jedoch an die Öffentlichkeit gedrungen war. „Vorher hat er mich psychisch ‚geschlagen'. Was machte mir da die körperliche Misshandlung aus?", meinte sie apathisch. Schließlich hatte sie sich ihm entzogen, woraufhin er ihr zu verstehen gab, dass sie verrückt sei. In den folgenden drei Jahren wurde sie therapeutisch behandelt. Doch ihr Zustand verschlimmerte sich weiter. Sie gab an, sie habe ihrem Therapeuten niemals ganz vertrauen können, obwohl er freundlich zu ihr gewesen sei.

Durch die Therapie wurden weitere Narben aufgedeckt, die von Misshandlungen in ihrer Jugendzeit zurückgeblieben waren. In ihren Erzählungen entfaltete sich ein schauerliches Bild ihrer Familie. Ihr Vater hatte sie oft unter dem Vorwand der Disziplinierung geschlagen. So hatte sich in ihr allmählich ein Hass auf ihn entwickelt, da sie ihm die Qualen, die er ihr zugefügt hatte, nicht vergeben konnte.

Ich erkannte das Beratern vertraute Schema: Aufgrund einer Verkettung verschiedenartiger Gründe kann ein Mensch, der von seinen Eltern misshandelt worden ist, dazu neigen, jemanden zu heiraten, der als Ehepartner ebenfalls misshandelt. Auf der Suche nach möglichen Verbindungen brachte ich sie daher wieder auf ihre eigene Familie zu sprechen und erkundigte mich nach ihren Kindern.

„Ich habe zwei Kinder“, begann Sandra. Nach einer Pause fügte sie jedoch hinzu: „Aber ich hätte noch mehr haben können.“

„Wie meinen Sie das?“

„Bevor mein Mann und ich heirateten, hatten wir sexuelle Beziehungen, und ich wurde schwanger. Da er mich nicht sofort heiraten wollte und ich wusste, dass mein Vater mich umbringen würde, wenn er dies erfahren würde – vielleicht sogar im wörtlichen Sinne –, hielt ich damals eine Abtreibung für unumgänglich.“

Ich sah, wie sich bei ihr eine schwache Gefühlsregung zeigte. „Seitdem bin ich langsam innerlich gestorben.“

Nun durchschaute ich das glanzlose Grau ihrer Augen. Ihre kindliche Verletzlichkeit, die Verletzlichkeit des „kleinen Mädchens“, die sich hier offenbarte, beschämte mich – insbesondere, als sie mir erzählte, dass sie niemals so viel Vertrauen zu einem Menschen gehabt hatte, um ihm das Geheimnis ihrer Abtreibung anzuvertrauen.

Während der folgenden Besuche spürte ich jedes Mal wieder Sandras niederdrückende Last. Ihre Depression war weitaus schwerwiegender als die Jacquelines. Und so fragte ich mich, wie ich wohl an ihren Schmerz herankommen und ihre Wunden heilen konnte.

Ungefähr zur gleichen Zeit, zu der Sandra und ich unsere Sitzungen aufnahmen, im Frühjahr 1984, erhielt ich einen Anruf von meiner lieben Freundin Maria. Ich konnte damals nicht ahnen, dass dieser Anruf nicht nur dabei helfen würde, Sandras Geheimnis zu lüften, sondern darüber hinaus auch mir selbst Antwort auf ein Gefühl geben würde, das mich schon mehrere Monate lang beunruhigt hatte.

Ich freute mich, als ich Marias Stimme hörte, und noch mehr, als sie mir erzählte, dass sie und Martin dabei waren, eine Tagung über seelische Heilung vorzubereiten, bei der die McNutts und ein Priester der Loyola University, Pater Bob Sears, die Leitung innehaben sollten. Ich ließ mich leicht dazu überreden, mich für diese Tagung anzumelden.

Die Eröffnungsveranstaltung übertraf meine höchsten Erwartungen. Wieder setzte mich die Befähigung, die die McNutts bei ihrer Arbeit an den Tag legten, in Erstaunen. Aber was mich am meisten faszinierte, war eine Bemerkung, die Pater Sears in seinem Vortrag über „Heilung des Stammbaums der Familie" machte, ein Konzept, das von Dr. Ken McAll, einem britischen Psychiater, ins Leben gerufen worden ist.

Pater Sears sprach über die Bedeutung der Heilkraft von Jesus Christus bei unbewältigten Familienproblemen und erwähnte in diesem Zusammenhang fast beiläufig die Bedeutung eines Übergabe-Gottesdienstes für Kinder, die durch Fehlgeburt oder Abtreibung umgekommen sind. Die Seelen dieser Kinder müssten Gott zur ewigen Ruhe übergeben werden, weil dies auf die Lebenden eine außerordentlich heilende Wirkung ausübe.

Was für eine revolutionäre, großartige Sache, dachte ich. Ich empfand einen inneren Anstoß, der so stark war, als ob ich von einem harten Ellbogen in die Rippen gestoßen würde. Aber ich war doch bereits geheilt! Konnte es für mich darüber hinaus noch etwas geben?

Als ich Pater Sears nach seinem Vortrag ansprach, erklärte er sich bereit, mir am Abend mehr über seine Theorie zu erzählen.

So trafen wir uns um neunzehn Uhr in der Kapelle des Tagungszentrums. Angezogen von seinem offenen Lächeln und seinem warmherzigen, vorurteilsfreien Wesen verlor ich sofort meine Befangenheit. Ja, vielleicht war es auch seine Güte, die mich dazu veranlasste, das Gespräch von der Theorie auf die Wirklichkeit zu lenken. Denn ich merkte auf einmal, dass ich ihm, ohne es zu wollen, alle Einzelheiten meiner eigenen Schwangerschaft, meiner Abtreibung und meiner anschließenden Heilung erzählte.

Er nickte still und hörte ruhig zu. Als ich meinen Bericht beendet hatte, schlug er vor, mit mir einen Übergabe-Gottesdienst abzuhalten. Es bedurfte keiner Überredung. „Schließen Sie bitte die Augen, und setzen Sie sich entspannt hin, Susan!"

Ich lehnte mich bereitwillig in der Kirchenbank zurück. Zuerst war es ein etwas merkwürdiges Gefühl, zur Abwechslung einmal die „Klientin" zu sein. Aber nachdem ich meine Augen geschlossen hatte, konzentrierte ich mich nur noch auf seine sanfte Stimme.

„Stellen Sie sich nun vor, wie Sie in dem Sommer aussahen, in dem Ihre Abtreibung vorgenommen wurde, und wie Sie irgendwo in Ihrem Haus sitzen."

Vor meinem geistigen Auge war ich wieder in unserem Landhaus und saß in einem Sessel am Kamin. Es war, als ob ich in einem Museum wäre, das dem Lauf der Zeit enthoben war. Ich trug mein Haar wieder genau wie damals, und interessanterweise hatte ich eine Bluse an, die ich schon seit langer Zeit nicht mehr besaß.

„Versuchen Sie, dieselben Gefühle zu empfinden wie damals."

Sofort durchfuhr mich wie eine eisige Klinge das Gefühl der Einsamkeit, ein Gefühl der Trennung. Instinktiv wusste ich, dass dies eine Szene nach der Abtreibung war.

„Nun heben Sie in Ihrer Fantasie den Kopf und sehen Jesus."

Er stand mitten auf dem Teppich. Ich hatte eine vage Vorstellung von Füßen in Sandalen und einem weißen Gewand. Aber dann sah ich seine Augen, sein in Liebe erstrahlendes lächelndes Gesicht.

„Sehen Sie, was er in seinen Armen hält? – Es ist ein Kind, das in eine Decke gehüllt ist."

Mein Herz begann schneller zu schlagen.

„Haben Sie eine Vorstellung vom Geschlecht des Kindes?"

Jetzt erst merkte ich, dass die Decke hellblau war. Mein Herz schlug unregelmäßig. Im Innersten meines Wesens hatte ich immer das Gefühl gehabt, dass mein Kind ein Junge war.

„Ein Junge", brachte ich hervor. Ich spürte einen Kloß in meinem Hals.

„Nun sehen Sie, wie Jesus diesen kleinen Jungen hält."

Sein Kopf mit dem Pfirsichflaum berührte leicht Jesu Brust. Winzige Händchen führten die ziellosen Bewegungen eines Babys aus. Ich konnte beinahe sein Jauchzen und Krähen hören.

Inzwischen liefen mir die Tränen in Strömen über die Wangen und tropften von meinem Kinn auf meinen Rock. Die Einsamkeit, die ich empfunden hatte, kam nicht nur daher, dass ich meinen Überzeugungen zuwidergehandelt und die Verbindung zu den Menschen abgebrochen hatte, die mich liebten, sondern auch daher, dass ich mich von meinem eigenen Kind getrennt hatte.

„Haben Sie eine Vorstellung, wie das Kind heißt?"

Merkwürdige Frage. Ich wollte schon den Kopf schütteln, als mir plötzlich, ohne dass ich bewusst danach gesucht hätte, die Antwort entfuhr: „Er heißt Jeremy."

„Was für ein wunderschöner Name“, erwiderte Pater Sears. „Nun stellen Sie sich bitte vor Jesus und Jeremy hin und erzählen Sie ihnen, was Ihr Herz bewegt.“

Der Strom meiner Tränen war inzwischen zu einer Flut angeschwollen. Ich sagte spontan: „Ach, Jeremy, ich habe dich so lieb. Und ich empfinde solche Reue über das, was ich getan habe. Ich hoffe, dass du mir vergeben und mich auch lieben kannst. Ich liebe dich mehr, als ich dir je sagen kann.“

Auf Pater Sears Zuspruch hin gab ich Jeremy in Jesu ewige Obhut. Eines Tages würde ich mit ihnen zusammen sein, aber bis dahin musste Jeremy noch allein in den Armen des Herrn ruhen. Dann sagte ich, zu Jesus gewandt: „Ich weiß, dass deine Liebe zu ihm viel größer ist als meine. Herr, ich gebe meinen Sohn in deine Obhut.“

Dann schwieg ich und ließ meinen Tränen freien Lauf. Es waren Tränen des Glücks. Pater Sears blieb schweigend bei mir sitzen, bis sie endlich versiegt waren. Für diesen wundervollen Übergabe-Gottesdienst werde ich ihm ewig dankbar sein.

Und dafür, dass er mir den kleinen Jeremy gegeben hat.

Während meines Rückfluges nach Portland stellte ich erstaunt fest, dass ich eine überschwängliche Freude empfand. Mein Kind, mein Sohn, war nun keine anonyme, verschwommene Erinnerung mehr, sondern hatte einen Namen, und ich wusste, dass er am ewigen Leben teilhatte. Ich wusste auch, dass damit ein Schlussstrich unter das bittere Erlebnis meiner Abtreibung gezogen war. Mir war nicht einmal bewusst gewesen, dass mir dies all die Jahre gefehlt hatte.

Nur eins ließ mich zögern, zu meiner Arbeit zurückzukehren: Das war Sandra. Ich wusste, dass sie keine Psychose hatte und genau zwischen Einbildung und Wirklichkeit unterscheiden konnte. War es da überhaupt möglich, dass ein Übergabe-Gottesdienst sie von der Last, die sie ganz offensichtlich trug, befreien konnte?

Dennoch schlug ich ihr beim nächsten Termin eine Innere-Heilungs-Reise vor und erklärte ihr die nötigen Einzelheiten.

Sie zuckte nur in ihrer üblichen apathischen Art die Schultern. „In Ordnung. Ich glaube zwar nicht, dass ich mir je verzeihen werde, dass ich mein Kind getötet habe, aber wenn Sie meinen, dass wir es versuchen sollten ..."

Es war wirklich schmerzlich, sie durch ihre Erinnerungen und die traurigen Einzelheiten ihrer Abtreibung zu führen. Ein recht dubioser Arzt hatte die Abtreibung bei „Nacht und Nebel" vorgenommen. Sandra hatte sich im Schutz der Dunkelheit zu ihm geschlichen und ihn unter furchtbaren physischen und psychischen Schmerzen wieder verlassen. Anfangs hatte sie befürchtet, sterben zu müssen, später fürchtete sie zu leben.

Als wir zu der Phase kamen, in der Jesus zu ihr ins Zimmer trat, schlug mir das Herz bis zum Hals. Wie sie so mit geschlossenen Augen dasaß, sah sie aus wie eine kaputte Puppe, die in einer Ecke vergessen worden war. So verletzlich. Oh Jesus, betete ich, zeige dich ihr. Ich weiß, dass du ihre letzte Hoffnung bist.

Da zog sie scharf die Luft ein. „Susan – er ist da. Ich war ganz sicher, dass er nicht kommen würde."

„Sehen Sie das Kind, Sandra?"

Sie nickte langsam, und eine Träne rann ihr über die Wange. Dann: „Nein! Moment. Das kann ich nicht glauben. Oh, du meine Güte ..."

„Sandra", drang ich in sie, „was haben Sie? Erzählen Sie mir, was Sie sehen!"

„Susan, ich kann es nicht glauben!" Ihre Schultern zuckten vor Erregung. „Jesus hält in jedem Arm ein Kind. Es sind zwei. Zweieiige Zwillinge!"

Es war das erste Mal, dass Sandra Gefühle zeigte. Beinahe flüsternd fragte ich: „Können Sie sagen, welches Geschlecht sie haben? Haben Sie eine Vorstellung davon, wie sie heißen?"

„Ein Junge ... und ein Mädchen. Irgendwie habe ich immer das Gefühl gehabt, dass es zwei waren. Mein kleiner Jonathan – und die kleine Ruthie."

Eine Zeit lang gewährte ich ihr, sich schweigend an ihren Kindern zu erfreuen. Dann führte ich sie durch einen Übergabe-Gottesdienst, so wie Pater Sears es auch mit mir gemacht hatte. Im Namen des Vaters und des Sohnes und des Heiligen Geistes gaben wir Jonathan und Ruth für alle Ewigkeit in Jesu zärtliche Arme. Was für ein erhebendes Gefühl durchflutete mich, als ich die letzten Worte meines Gebetes sprach: „Sandra, Ihnen ist vergeben – und Sie sind frei. Der Herr liebt Sie und Ihre Kinder."

Nach dem Gottesdienst war Sandra von der „doppelten Last", die sie gequält hatte, befreit. Und als sie mich an diesem Tag verließ, war sie eine Frau, die einen neuen Weg eingeschlagen hatte – den Weg der Heilung, der Freiheit und des neuen Lebens. Es war zwar immer noch vieles ungeklärt, was die weitere Gestaltung ihres Lebens betraf, aber das Lächeln, das die erstarrte Trauer auf ihrem Gesicht abgelöst hatte, sagte alles. Nun konnte sie beginnen, an sich selbst zu glauben. An die Stelle der Hoffnungslosigkeit war Hoffnung getreten.

An jenem Abend dankte ich Gott zwei Stunden lang für seine klare Weisung, für die Härte des Weges, auf dem er mich geführt hatte, und für den unglaublichen Lohn, der mir durch das Leben von Frauen wie Jacqueline und Sandra zuteil wurde. Nun würde ich keine Scheu mehr haben, Frauen zu behandeln, die an den psychischen Folgen einer Abtreibung litten. Gott hatte das dunkelste Erlebnis meines Lebens dazu verwandt, der Heilung anderer zu dienen. Nun wusste ich, dass es für alle Frauen, die offen dafür waren, vom lebendigen Gott angerührt zu werden, eine Antwort gab. Jesus Christus war und ist der große Heiler aller Zeiten.

Seit jenen ersten Tagen meiner Arbeit an der inneren Heilung von Frauen nach einem Schwangerschaftsabbruch bin ich noch bei vielen Frauen Zeuge der mächtigen Heilkraft des Herrn geworden. Aber einer der dramatischsten Fälle war der einer Frau, die ich Conny nennen möchte. Ein Arzt hatte sie an mich überwiesen, nachdem sie über schwere Herzanfälle, Angstzustände und unregelmäßige Herztätigkeit geklagt hatte.

Connys Arzt äußerte mir gegenüber die Überzeugung, dass ihre körperlichen Beschwerden Ausdruck einer psychosomatischen Erkrankung seien. „Ich habe zwar eine körperliche Belastung und schwerwiegende Angstzustände festgestellt", meinte er während unseres Telefongespräches, „aber ich habe doch das Gefühl, dass die Ursache auf psychischem Gebiet liegt. Ich möchte ihr daher lieber keine Medikamente verschreiben. Vielleicht können Sie herausfinden, was hinter ihren Symptomen steckt?"

„Ich werde sie mir gerne einmal ansehen", erwiderte ich. „Ich werde Sie über das, was ich herausfinde, auf dem Laufenden halten."

Conny erschien in makelloser Kleidung, aber offensichtlich äußerst nervös, in meiner Praxis. Beim ersten Gespräch erzählte sie mir, was sie für den Grund ihrer Angstzustände hielt: „Wissen Sie, mein Mann und ich sind uns nicht einig darüber, wie wir es mit Kindern halten sollen. Er ist dreiunddreißig und möchte sehr gerne Kinder haben, denn er fürchtet sich davor, zu alt zu sein, wenn die Kinder groß sind. Aber ich bin erst dreiundzwanzig und weiß nicht genau, ob ich schon dazu bereit bin, Mutter zu sein. Das ist eine sehr verantwortungsvolle Aufgabe, und ich bin mir nicht sicher, ob ich das schaffe." Während sie dies erzählte, spielte sie ununterbrochen mit ihrem Armband, das sie abgenommen hatte, und vermied es möglichst, mir in die Augen zu sehen.

Dann eröffnete sie mir die wirkliche Ursache ihres körperlichen Befindens. „Wissen Sie", fuhr sie fort, „seitdem wir verheiratet sind, habe ich schon zwei Fehlgeburten gehabt, und nun bin ich mir gar nicht mehr so sicher, ob ich überhaupt Kinder haben möchte."

„Erzählen Sie mir, wie es zu Ihren Fehlgeburten kam, Conny."

„Tja, die erste hatte ich vor zwei Jahren. Ich war damals erst im zweiten Monat schwanger. Ich war zwar etwas traurig darüber, aber nicht zu sehr. Ungefähr acht Monate später wurde ich auf Drängen meines Mannes wieder schwanger. Ich nahm mir fest vor, dass es diesmal klappen sollte ..."

Während sie auf das Armband in ihren Händen starrte, mit dem sie inzwischen nicht mehr spielte, traten ihr Tränen in die dunkelbraunen Augen. „Aber ich habe das Kind, ein Mädchen, trotzdem verloren. Ich habe es bis zum Ende des fünften Monats geschafft. Dann merkte ich eines Morgens kurz nach dem Frühstück, dass die Wehen einsetzten ..."

Aus dem Strom von Tränen wurde ein Schluchzen.

„Ich glaube, ich tauge einfach nicht zur Mutter“, meinte sie schließlich.

Es war mir nun klar, dass ihre physische Fähigkeit, Kinder auszutragen, durch ihre seelische Zerrissenheit aufgrund ihrer zwiespältigen Einstellung zur Mutterschaft beeinträchtigt wurde. Während der nächsten drei Monate entwickelte sich zwischen uns beiden ein vertrauensvolles therapeutisches Verhältnis, das es Conny ermöglichte, den Schmerz über ihre zwei verlorenen Kinder aufzuarbeiten.

In dieser Zeit erfuhr ich auch, dass sie durch das starke Engagement ihres Mannes in seiner Kirche zum Glauben gefunden hatte. Ich schlug ihr daher vor, für jedes ihrer fehlgeborenen Kinder einen Übergabe-Gottesdienst abzuhalten. Inzwischen schlage ich dies allen Frauen vor, die eine Fehlgeburt hatten, abgetrieben oder ein totes Kind zur Welt gebracht haben und die an ein Leben nach dem Tode glauben. Denn sie finden einen solch tiefen Frieden, wenn sie ihre Kinder in den Armen von Jesus sehen.

Nachdem wir alle für Conny wichtigen Phasen durchlaufen hatten, verspürte ich jedoch wieder einen inneren Anstoß, der mich vermuten ließ, dass da noch etwas sei, das die Heilung in ihrem Fall verhinderte. Unsere Beziehung war inzwischen so gefestigt, dass ich es wagen konnte, meine Wahrnehmung behutsam vorzubringen. Ihre Reaktion hätte nicht dramatischer sein können. Sie brach unvermittelt in Tränen aus und weinte anhaltend, wobei sie den Kopf zwischen den Händen hielt. Nachdem sie sich durch ihre Tränen Erleichterung verschafft hatte, sagte sie, sie sehe ein, dass sie sich jemandem anvertrauen müsse. Nicht einmal ihr Arzt wisse Bescheid. Vor ihrer Ehe war sie zweimal schwanger geworden und hatte sich in beiden Fällen für einen Abbruch der Schwangerschaft entschieden.

Seitdem sie verheiratet war und zum Glauben an Jesus gefunden hatte, waren bei ihr starke Schuldgefühle wegen dieser beiden Abtreibungen entstanden. Ich verhalf ihr daraufhin zu der Einsicht, dass ihre beiden Fehlgeburten mit diesen Schuldgefühlen und Angstzuständen zusammenhingen.

Danach konzentrierten wir unsere Arbeit auf Jesus als Menschensohn des verzeihenden und heilenden Gottes. Ich half ihr dabei, die wahre Größe seiner Güte und damit auch seine Macht und sein Wirken zu begreifen. Nachdem wir das ganze Ausmaß der Vergebung ergründet hatten, die Jesus uns anbietet, begriff Conny allmählich, dass auch sie sich selbst vergeben konnte, wenn Gott es tat. Schließlich führte ich für jedes ihrer abgetriebenen Kinder eine innere Heilung durch, die jeweils mit einem Übergabe-Gebet beschlossen wurde.

Am Ende unserer Arbeit gab uns Gott ein unglaubliches Beispiel seiner Liebe. Während unserer Gebetsreisen sah Conny in ihrer Fantasie eine unvergessliche Szene: „Susan, es ist einfach atemberaubend – so wunderschön. So viel Frieden und Liebe ist dort. Jesus sitzt im hohen Gras. Und, Sie werden es nicht glauben, vier kleine Kinder spielen mit ihm im Gras. Sie klettern ihm auf den Rücken, kullern über seine Schulter, purzeln in seinen Schoß und dann wieder heraus. Ich sehe so viel Liebe und Lachen ... Das ist das Schönste, was ich je gesehen habe. Ich weiß jetzt, dass meine vier Kinder für alle Ewigkeit bei Jesus sind und dass ich sie im Himmel wiedersehen werde."

Aber der Frieden, der aus ihrem Gesicht leuchtete, sagte noch mehr als alles andere. Verschwunden waren der ängstlich umherirrende Blick und das ständige Spielen mit irgendeinem Gegenstand. Ihr ganzes Wesen strahlte eine tiefe Ruhe aus. Connys Kinder waren zu Hause, und sie hatte Frieden gefunden. Elf Monate nach unserer letzten Sitzung schenkte Conny einem gesunden, fast neun Pfund schweren Jungen das Leben!

Ja, Jesus ist der große Heiler aller Zeiten.

Schlussüberlegungen

Meine Reise hat mich zu verschiedenen Entdeckungen geführt, die auch der Schlüssel zu meiner eigenen Heilung gewesen sind.

In erster Linie habe ich erfahren, dass Gott uns bedingungslos liebt und darauf wartet, dass wir uns an ihn wenden, so dass er uns mit den offenen Armen der Liebe aufnehmen kann. Denn es ist sein Wunsch, uns zu heilen.

So, wie Jesus zu seinen Lebzeiten vielen Menschen die heilende Liebe seines Vaters gebracht hat, so hat er auch seinen Anhängern aufgetragen, hinzugehen und desgleichen zu tun: „Glaubt mir doch, dass der Vater und ich eins sind. Und wenn ihr schon meinen Worten nicht glaubt, dann glaubt doch wenigstens meinen Taten! Ich sage euch die Wahrheit: Wer an mich glaubt, wird die gleichen Taten vollbringen wie ich – ja, sogar noch größere; denn ich gehe zum Vater. Worum ihr in meinem Namen bitten werdet, das werde ich tun, damit durch den Sohn die Herrlichkeit des Vaters sichtbar wird" (Johannes-Evangelium, Kapitel 14, Verse 11.13). Ja, Jesus heilt tatsächlich auch heute noch, und ich glaube daran, dass es sein Wunsch ist, allen Frauen, die abgetrieben haben, zu vergeben und sie zu heilen.

Der innere Friede und das Glück, das die Heilung durch Jesus mit sich bringt, übersteigen das menschliche Fassungsvermögen bei weitem. Weder Geld noch Gut noch Ruhm können je diese Art von Frieden und Ruhe bringen, die unserem Herzen durch eine persönliche Beziehung zu Jesus zuteil wird.

Mit dieser Heilung und Liebe geht allerdings auch eine Aufforderung einher. Die Liebe können wir als die eine Seite einer goldenen Medaille betrachten. Was sie jedoch so wertvoll und mächtig macht, ist die Tatsache, dass die andere Seite der Medaille Vergebung ist. Das bedeutet: Dadurch, dass uns vergeben wird, erwächst an uns zugleich die Aufforderung, in dem Maße zu vergeben, in dem auch uns vergeben worden ist. So bin ich der Überzeugung, dass die Liebe nie ihr ganzes Potenzial ausschöpfen kann, wenn wir nicht im Umgang mit anderen den großen Maßstab der Vergebung anlegen – sowohl bei den Menschen, die wir verletzt haben, als auch bei denen, von denen wir verletzt worden sind.

In diesem Sinne hat meine eigene Heilung eine noch größere Erfüllung erlangt, da ich mich um Vergebung zwischen meinem Vater und mir und auch zwischen meinem ehemaligen Mann und mir bemüht habe. In mancher Hinsicht waren dies die Menschen, denen zu vergeben für mich das Schwerste im Leben war. Aber der Auftrag, den uns Jesus erteilt hat, ist unmissverständlich: „Vergib uns unsere Schuld, wie auch wir vergeben unseren Schuldigern." Meine eigene seelische Heilung ist deshalb vollständig abgeschlossen, weil ich das Ausmaß seiner Liebe und seiner Vergebung erkannt habe.

Dadurch, dass ich Jesus Christus gegenüber gehorsam war, konnten alte Wunden vollständig heilen, und ich bin zu einem inneren Frieden gelangt, der bei weitem alles übersteigt, was die Welt zu geben vermag. Ganz sicher ist es nicht mir selbst, sondern einzig und allein der Gnade Gottes zu verdanken, dass ich in der Lage war, meinen Schmerz vollständig zu vergessen und Kränkungen zu vergeben. Dies war die letzte Abrundung meines Heilungsprozesses.

12. Therapiephasen bei Psychotrauma nach Abtreibung

1. Die Feststellung unbewältigter Abtreibungserlebnisse

Wenn eine Klientin über jährlich wiederkehrende Depressionen klagt, die ungefähr zur Zeit ihres Schwangerschaftsabbruches oder zur Zeit des potenziellen Geburtstermins ihres Kindes auftreten, liegt für die Beraterin die Vermutung nahe, dass hier „unbewältigte Abtreibungserlebnisse" vorliegen, also der von der Klientin geäußerte Schmerz damit zusammenhängt, dass die Abtreibung nicht verkraftet wurde. Andere von der Klientin vorgebrachte Klagen können auf allgemeine Depressionen oder Trauer hinweisen. Zwar kann es sein, dass die Klientin ihre Symptome bewusst mit ihrer Entscheidung, einen Schwangerschaftsabbruch vornehmen zu lassen, in Verbindung bringt, aber dies muss nicht der Fall sein, da es unmöglich ist, sich über alle Gefühle im Klaren zu sein, die aus einer Abtreibung resultieren können. Aber jeder ausgebildete Berater oder Therapeut wird schnell die mit Trauer und Depressionen einhergehenden Gefühle erkennen. Wenn die Klientin allerdings unumwunden sagt: „Ich weiß nicht, ob ich mir jemals vergeben kann, dass ich abgetrieben habe", ist das Problem natürlich klar definiert.

2. Die Verbindung zur Abtreibung herstellen

Im nächsten Schritt muss die Beraterin der Klientin dann behutsam andeuten, dass das von ihr geäußerte Befinden möglicherweise mit den unbewältigten Gefühlen zusammenhängt, die von ihrer Abtreibung herrühren. In dieser Phase ist die Vorgehensweise von entscheidender Bedeutung, da die Beraterin der Klientin niemals direkt sagen darf, dass dies das Problem ist. Als gute Beraterin geht man vielmehr so vor, dass man eine Wahrnehmung äußert und die Klientin fragt, ob sie diese für zutreffend hält. Auf diese Weise lässt man der Klientin die Möglichkeit, dazu Stellung zu nehmen, ob sie ihr Problem mit ihrem Schwangerschaftsabbruch in Verbindung bringen möchte. Ich habe jedoch noch nie eine Frau erlebt, die über ihre Abtreibung „froh“ war, selbst wenn sie die moralischen Umstände ihrer Abtreibung ganz sachlich sieht.

3. Aufarbeitung der mit der Abtreibung verbundenen Faktoren

Nachdem ermittelt worden ist, dass eine Abtreibungsproblematik vorliegt, die aufgearbeitet werden muss, sollten nicht nur alle äußeren Faktoren, die mit der Entscheidung für die Abtreibung verbunden waren, detailliert aufgeführt, sondern auch alle mit dieser Entscheidung zusammenhängenden Gefühle aufgearbeitet werden. Da die Art der Aufarbeitung von Klientin zu Klientin verschieden sein wird, ist es die Aufgabe der Beraterin, die Anzahl der Sitzungen so zu bemessen, dass alle für das Abtreibungserlebnis relevanten Faktoren und Gefühle ermittelt werden können. Dies ist deshalb unverzichtbar, weil die Beraterin nach der Inneren Heilung eine klare Vorstellung davon haben muss, welche Gefühle sie während des Heilungsgebetes einbeziehen soll.

4. Religiöser Bezugsrahmen

Zu irgendeinem Zeitpunkt der Vorgespräche muss die Beraterin zu einer klaren Vorstellung vom religiösen Bezugsrahmen der Klientin gelangen: Wie sieht sie Gott? Stellt sie sich Gott „mit einer großen Fliegenklatsche“ vor, oder glaubt sie, dass Gott ein liebender und vergebender Vater ist? Ungefähr achtzig Prozent der Frauen, die zu mir kommen, äußern, dass sie irgendwie an Gott glauben. Allerdings ist die Art und Weise, wie sie ihn sehen, ein ausgesprochen wichtiger Bestandteil ihres Glaubens und muss dementsprechend deutlich herausgearbeitet werden. Anschließend kann die Beraterin der Klientin die Vorstellung anbieten, dass Gott ein liebender Vater ist, der möchte, dass seine Kinder geheilt werden. Ferner kann sie darauf verweisen, dass uns Vergebung zuteil wird, wenn wir ihn darum bitten. Manchmal kommt es auch vor, dass eine Klientin skeptisch ist und nicht glauben will, dass uns Gott wirklich vergeben und heilen will, da es ihr so schwer fällt, sich selbst zu vergeben. Dann erkläre ich ihr, dass eigene Erfahrungen der beste Lehrmeister sind und dass wir beide Gott Vertrauen entgegenbringen müssen.

Nehmen Sie keine persönliche Wertung der Klientin vor, sondern erklären Sie ihr einfach, dass Jesus den Wunsch hat, ihr zu vergeben und sie zu heilen, und akzeptieren Sie ihre Einstellung so, wie sie Ihnen diese momentan präsentiert. Manchmal dauert es einige Zeit, bis sich die Sichtweise einer Klientin ändert und sie in Gott nicht mehr ein autoritäres Wesen, sondern einen liebenden Freund erkennt.

5. Verbindung zwischen Psychologie und christlichem Glauben

Die Beraterin muss sich Zeit nehmen, um die Klientin über die Beziehungen zwischen Psychologie und christlichem Glauben aufzuklären. Ich selbst tue dies, indem ich meinen Klientinnen darlege, dass die Psychologie darauf abzielt, den Menschen dabei zu helfen, sich mit schwierigen Erlebnissen in ihrem Leben auseinander zu setzen und diese zu überwinden. Im Anschluss daran führe ich weiter aus, dass die Psychologie allein meiner Meinung nach zu keiner Lösung fähig ist. Den Klientinnen, die an Christus glauben, erkläre ich ausführlich, wie Jesus meiner Meinung nach heutzutage unsere Heilung wünscht: Er erteilt seinen Anhängern den Auftrag, in seinem Namen und mit der Kraft des Glaubens in die Welt hinauszugehen und Menschen zu heilen, wie er es getan hat (vgl. Johannes 14,12). In diesem Stadium ist es wichtig, genügend Zeit darauf zu verwenden, der Klientin die Einsicht zu vermitteln, dass Jesus heutzutage genauso machtvoll heilt wie vor zweitausend Jahren. Psychologische Methoden können nur Verhaltensänderungen und die Verarbeitung von traumatischen Erlebnissen bewirken. Jesus jedoch kann uns völlige Heilung bringen. Wenn wir die Innere Heilung durchführen, benutzen wir die bewährte Methode der Traumreise und verbinden sie mit der Gegenwart unseres allmächtigen Herrn.

6. Die Entscheidung wird der Klientin überlassen

In diesem Stadium erklärt die Beraterin der Klientin das Konzept der Inneren Heilung und die Art und Weise, wie diese vorgenommen werden soll. Sie stellt dar, welche Rolle Jesus bei der Anrührung ihrer schmerzlichen Erinnerungen an die Abtreibung und bei der Inneren Heilung spielt. Ich weise meine Klientinnen außerdem noch darauf hin, dass die meisten Frauen hierbei weinen, aber dass es ihnen hilft, sich dabei keinen Zwang aufzuerlegen, da dies oft ein wichtiges Element der Heilungserfahrung darstellt. Nachdem ich meinen Klientinnen anschließend noch die Möglichkeit gegeben habe, Fragen zu stellen, können sie sich entscheiden, ob sie bereit sind, weiterzumachen. Wenn die Heilungserfahrung zum richtigen Zeitpunkt stattgefunden hat, ist dies in der Regel der Fall. Ein wichtiger Aspekt bei der Wahl des richtigen Zeitpunktes ist die Frage, ob es noch einen Menschen gibt, dem die Klientin bei der Aufarbeitung ihrer Abtreibungserlebnisse noch nicht vergeben konnte. Meiner Erfahrung nach ist die Unfähigkeit zu vergeben einer der wenigen Faktoren, der eine erfolgreiche Innere Heilung verhindert.

7. Beginn der Heilung mit einem Gebet an den heilenden Jesus

Die Innere Heilung sollte immer mit der Lobpreisung Gottes beginnen. Dazu erscheint mir ein Gebet, wie es z. B. im Folgenden angegeben wird, angemessen:

„Himmlischer Vater, wir danken dir für dein Versprechen, mitten unter uns zu sein, wenn zwei oder drei in deinem Namen versammelt sind. Wir danken dir für deine Gegenwart hier unter uns und bitten dich, unser Schiff sicher auf seiner Reise zur Heilung dieser Klientin zu führen. In Jesu Namen binde ich alle Geister der Dunkelheit, die versuchen könnten, uns von unserem Kurs der Heilung abzulenken. Jesus, ich weiß, dass du der einzig wahre Heiler bist, von dem letztlich jegliche Heilung kommt, ob sie nun durch Medizin, Psychologie oder direkt durch Gott erfolgt. Wir danken dir für die Heilung, die schon in diesem Augenblick durch dich geschieht, und für die, die du dieser Klientin noch angedeihen lassen wirst. Heiliger Geist, führe uns nun, damit dieser Klientin völlige Vergebung und Heilung von ihrer Abtreibung zuteil wird. Dir sei alle Ehre. Amen."

8. Innere Heilung oder Heilung der Erinnerung an die Abtreibung

Nach dem Anfangsgebet führe ich die Klientin mit Hilfe einer Traumreise zu ihrem schmerzlichen Erlebnis hin. Ich bitte sie, eine bequeme Haltung einzunehmen, die Augen zu schließen, den Kopf zu neigen und sich zu entspannen, damit sich die Einzelheiten ihrer Erinnerung entfalten können. „Ich möchte nun, dass Sie sich in Ihrer Erinnerung in die Zeit Ihrer Abtreibung zurückversetzen. Lassen Sie den Heiligen Geist die Bilder Ihrer Erinnerungen lenken. Vielleicht gibt es irgendeine besondere Einzelheit dieses Ereignisses, die Ihnen in den Sinn kommt, z. B. die Abtreibungsklinik oder der Ort, an dem Sie sich befanden, als Sie sich für die Abtreibung entschieden, oder vielleicht Ihre Gefühle nach der Abtreibung. Das ist bei jedem Menschen unterschiedlich. Seien Sie einfach ganz offen und lassen Sie die Bilder Ihrer Erinnerungen an sich vorüberziehen." Nach einer Pause frage ich dann: „Können Sie mir jetzt sagen, woran Sie eben gedacht haben?"

In der Regel erklärt dann die Klientin, wo sie sich in ihrer Erinnerung sieht und wer eventuell sonst noch gegenwärtig ist. Sie tut dies mit geschlossenen Augen, indem sie sich hauptsächlich auf ihre Erinnerung konzentriert, aber ihre äußere Umgebung mit mir teilt.

„Schön, das ist sehr gut. Nun möchte ich, dass Sie nicht nur die Tatsachen und die Umstände sehen, die mit Ihrer Abtreibung in Zusammenhang stehen, sondern, was noch wichtiger ist, das ganze Spektrum von Gefühlen an sich vorüberziehen lassen, das Sie damals empfunden haben. Konzentrieren Sie sich also für einige Zeit nur auf Ihre Gefühle. Wenn Sie weinen möchten, dann brauchen Sie keine Hemmungen zu haben."

Danach gewähre ich der Klientin noch einmal einige Minuten der Stille, damit sie sich ganz und gar auf ihre Gefühle konzentrieren kann. Es kommt oft vor, dass sie anfängt zu weinen, wenn sie mit der Trauer, die mit ihrer Abtreibung verbunden war, konfrontiert wird. Anfangs handelt es sich oftmals nur um ein leises Weinen, das aber trotzdem ein wichtiger Bestandteil der Trauerarbeit und der Heilung ist. Allerdings weinen nicht alle Klientinnen, und deshalb sollte das Weinen nicht als Voraussetzung dafür angesehen werden, dass Heilung überhaupt stattfinden kann.

„Nun möchte ich, dass Sie von dem Ort, an dem Sie in Ihrer Fantasie sitzen, aufschauen und zur nächstgelegenen Tür sehen. Ich möchte, dass Sie dort Jesus so sehen, wie Sie sich ihn als liebenden, vergebenden und heilenden Jesus vorstellen. Egal, ob er groß oder klein ist, einen Bart hat oder nicht – ich möchte nur, dass Sie sich Jesus in Ihrer ganz persönlichen Weise vorstellen. Er trägt wahrscheinlich ein langes weißes Gewand, und Sie merken, dass er liebevoll lächelt. Er strahlt eine innige Wärme und Liebe aus, und sein Gesicht zeigt weder Kritik noch Verachtung.

Wenn Sie ihn da stehen sehen, merken Sie, dass er etwas in seinen Armen hält, etwas, das in eine Decke gehüllt ist, und Sie merken, dass es ein Baby ist. Er hält Ihr Baby im Arm, und er liebt es genauso, wie Sie es tun würden, wenn es hier bei Ihnen auf der Erde wäre. Nun möchte ich, dass Sie im Geiste aufstehen und Jesus dort, wo er steht, gegenübertreten. Sie sehen ihm direkt ins Gesicht, und er schaut Sie mit seinem verzeihenden Blick an. Sie merken, dass Jesus Sie nicht verdammt, sondern nur Liebe für Sie empfindet. Er ist am Kreuz gestorben, um uns alle von unseren Sünden zu erlösen. Und genau deshalb steht er dort und bringt Ihnen Vergebung und Liebe entgegen. Sie sehen das sanfte Lächeln auf seinem Gesicht, spüren seine Liebe, spüren, wie diese tief in Ihr Herz dringt. Ich möchte, dass Sie seine Liebe einfach in sich aufnehmen und ihr erlauben, Ihr ganzes Wesen zu erfüllen.

Ich werde jetzt ein paar Minuten lang nichts sagen, damit Sie in aller Stille mit Jesus sprechen können. Lassen Sie ihn all Ihren Schmerz wissen. Erzählen Sie ihm von all Ihren Gefühlen und Empfindungen. Legen Sie ihm all Ihre Wunden und Ihre Trauer zu Füßen; teilen Sie ihm jedes Gefühl mit, das Sie in diesem Augenblick empfinden. Anschließend möchte ich, dass Sie schweigen. Denn Jesus will Ihnen ebenfalls einiges sagen, und ich möchte, dass Sie ihm zuhören. Es kann sein, dass er nur ein, zwei Worte sagt, vielleicht aber auch mehrere Sätze. Auf jeden Fall werden Sie merken, dass seine Worte eine heilende Kraft besitzen. Sie empfinden durch seine Worte seine heilende Berührung. Er hat für jeden Menschen eine andere Botschaft. – Während Sie Ihren Dialog mit Jesus führen, werde ich für Sie im Stillen beten."

Lassen Sie die Klientin fünf bis zehn Minuten mit dem Herrn allein, damit sie mit Jesus sprechen kann. Die Mehrzahl der Klientinnen wird in dieser Phase weinen. Ich habe erlebt, wie einige Frauen regelrecht weinend zusammengebrochen sind. Aber ich greife nicht ein, da ich weiß, dass dies ein Bestandteil des Heilungsprozesses ist. Unterdessen bete ich weiter zu unserem allmächtigen Herrn. Oft bitte ich dabei den Heiligen Geist, mich in meinem Gebet zu führen, da ich darauf vertraue, dass er mein Bittgebet um Heilung meiner Klientin am besten formulieren kann.

Es ist von großer Bedeutung, dass all dies schweigend geschieht, damit die Klientin bei ihrer Reise und ihrer heilenden Erfahrung mit Jesus nicht gestört wird.

9. Übergabe-Gottesdienst für das Kind

Nachdem ich die Klientin fünf oder zehn Minuten lang (dies hängt von der Klientin ab) mit dem Herrn allein gelassen habe, frage ich sie, ob sie mir mitteilen möchte, was sich in ihrem Gespräch mit Jesus ergeben hat. Während sie dann beschreibt, was geschehen ist, bleibt sie weiterhin in ihrer bequemen Haltung sitzen. Ich schreibe wörtlich auf, was sie mir erzählt, weil ich sie anschließend bitten werde, diese Zeilen während der nächsten ein oder zwei Wochen täglich durchzulesen. Meiner Erfahrung nach bedeutet es eine Intensivierung der Heilung, wenn die Klientin die Worte, die Jesus ihr gesagt hat, erneut liest. Denn diese Worte sind Teil der weiterhin wirkenden heilenden Berührung Jesu.

Nachdem ich aufgeschrieben habe, was sich ereignet hat, führe ich die Klientin zur letzten Phase ihrer Heilung:

„Herr Jesus, wir wissen nun, dass das Baby bei dir im Himmel ist. Sie kann sich nun das Kind in deinen Armen vorstellen. Herr, wir danken dir für die Liebe, die du für dieses Kind und für alle Menschen auf dieser Erde empfindest. Dank auch für all die Kinder, die es, entweder durch Fehlgeburt oder Abtreibung, nicht schaffen, auf die Erde zu kommen. Wir wissen, Herr, dass du jede Seele, die erschaffen worden ist, liebst. Wir möchten dir nun dieses Kind für alle Ewigkeit übergeben."

An diesem Punkt halte ich in meinem Gebet inne und frage die Klientin, ob sie wohl eine Vorstellung davon hat, welches Geschlecht das Kind haben mag. Es ist einfach phänomenal, wie viele Klientinnen ein Gespür dafür haben, ob sie einen Jungen oder ein Mädchen erwarteten. Zwar ist dies nicht bei allen

Frauen der Fall, aber doch bei der überwiegenden Mehrzahl der Frauen, mit denen ich diese Heilarbeit durchgeführt habe.

Danach frage ich sie, ob es einen Hinweis darauf gibt, welchen Namen das Kind wohl bekommen hätte. Häufig nennen die Klientinnen dann – sozusagen „aus dem Nichts" – einen Namen. Tage oder Wochen später erzählen sie mir oft, wie überrascht sie waren, sich diesen Namen sagen zu hören, weil sie diesen Namen selbst nie für ihr Kind „gewählt" hätten. Ich behaupte nicht, dieses Phänomen erklären zu können; ich berichte nur, dass es vorkommt. Es hat den Anschein, als ob dies der Name des Kindes für die Ewigkeit ist! Nachdem wir diese beiden Informationen erhalten haben, fahre ich mit meinem Gebet fort:

„Himmlischer Vater, Herr Jesus und Heiliger Geist! Wir kommen an diesem Punkt unserer Reise zu dir, um dieses Kind für alle Ewigkeit in deine Obhut zu geben. Wir wissen, Herr, dass du dieses Kind mehr liebst, als irdische Eltern es je ermessen können. Und daher möchte die irdische Mutter dieses Kindes dir ihre Tochter für alle Ewigkeit übergeben. Im Namen des Vaters und des Sohnes und des Heiligen Geistes übergeben wir dir, himmlischer Vater, das kleine Mädchen, damit sie bei dir im Himmel bleibt, von dir geliebt wird und für alle Zeit bei deinen himmlischen Heerscharen ist. Dank, Vater, für die Liebe, die du für dieses Kind empfindest. Wir bitten dich darum, dass du sie von aller Dunkelheit und jeglichem Bösen fern hältst und sie ganz und gar in deinem himmlischen Licht weilen darf. Wir vertrauen darauf, Herr, dass sich die Seelen von Mutter und Tochter eines Tages im Himmel vereinen werden, und freuen uns auf diesen Tag. Wir loben dich, Vater, und danken dir für die Heilung, die durch dich in diesem Augenblick geschieht."

Kurz bevor ich die Sitzung schließe, frage ich die Klientin, ob sie dem Gebet oder dem Übergabe-Gottesdienst für ihr Kind noch irgendetwas hinzufügen möchte, und stelle ihr anheim, dies laut auszusprechen oder es, wenn ihr das angenehmer ist, still für sich zu tun. Dann bitte ich sie noch, schweigend einige Augenblicke auf irgendwelche abschließenden Worte zu hören, die sie vielleicht vom Herrn oder der Seele ihres Kindes vernimmt. Dies ist ebenfalls ein mächtiges Heilungsmoment, in dem meistens eine unbeschreibliche Liebe zwischen Mutter und Kind ausgetauscht wird. Manchmal werden dabei von beiden Worte der Vergebung geäußert. Nach einer angemessenen Zeit beschließe ich den Gottesdienst mit dem folgenden Gebet:

„Herr Jesus, wir loben dich und danken dir für alles, was du getan hast, um von den Folgen ihrer Abtreibung zu heilen. Wir danken dir für das Baby und dafür, dass du sie für alle Ewigkeit in deine Obhut nimmst. Wir danken dir auch dafür, Herr, dass dein Tod und deine Auferstehung uns von all unseren Sünden befreit haben. Wir danken dir für die neue Freiheit, die die Mutter empfindet. Vater, ich bitte dich darum, dass du sie in dieser Woche fürsorglich in deiner Hand hältst, bis wir wieder zusammenkommen. Setze ihre Heilung fort. Hilf ihr dabei, die Kraft deiner Liebe und deiner heilenden Vergebung zu erkennen. Wir loben dich in Jesu Namen. Amen."

Anmerkungen

[1] Der Begriff „Berater“ (amerikanisch: Counselor) bezieht sich auf einen Tätigkeitsbereich, der zwischen Sozialarbeit und Psychotherapie angesiedelt ist und im Deutschen keine genaue Entsprechung hat.

[2] Im Amerikanischen: Counseling Psychology. Dieses Studium ist zwischen Sozialpädagogik und Psychologie angesiedelt und rein berufs- und praxisorientiert.

[3] Amerikanische Universitäten werden von speziell für die Leitung ausgebildeten Fachkräften geführt.

[4] College: höhere Lehranstalt, die nach einem vierjährigen Kurs zur Universitätsreife befähigt.

[5] Verletzungen des Muttermundes.

Rat und Hilfe für Schwangere und Familie sowie für Frauen nach einer Abtreibung

Bundesweit gibt es eine Vielzahl haupt- und ehrenamtlich arbeitender Mitarbeiter in der Schwangerschaftskonfliktberatung. Die nachstehend aufgeführten Initiativen bieten Rat und Hilfe mit unterschiedlichen Schwerpunkten an.

Eine umfangreiche Zusammenstellung von Initiativen, Beratungsstellen und Mutter-Kind-Einrichtungen erhalten Sie als kostenfreie Broschüre „Hilfreiche Adressen" beim „Treffen Christlicher Lebensrecht-Gruppen" (TCLG) oder online mit erweiterten Informationen unter www.tclrg.de/adressen.

Treffen Christlicher Lebensrecht-Gruppen e.V.
Stitzenburgstr. 7 – 70182 Stuttgart
Tel. (07 11) 23 22 32 – Fax (07 11) 2 36 46 00
info@tclrg.de – www.tclrg.de

Das „Treffen Christlicher Lebensrecht-Gruppen" (TCLG) ist ein Netzwerk von Personen, Gruppierungen oder Missionswerken, die sich aus christlicher Verantwortung für das Lebensrecht jedes Menschen einsetzen. Es vermittelt bundesweit Ansprechpartner für Ratsuchende sowie Möglichkeiten zur Mitarbeit. Engagierte und Interessierte treffen sich zweimal jährlich zu Austausch und Weiterbildung im Rahmen des Lebensrechts-Forums. Das TCLG ist als gemeinnützig anerkannt und Mitglied im Bundesverband Lebensrecht (BVL), www.bv-lebensrecht.de.

Begleitung, Beratung und praktische Hilfe für Frauen, die unter den psychischen und psychosomatischen Folgen einer Abtreibung leiden („Post Abortion Syndrome" - PAS) bietet an:

RAHEL e.V. – *Erfahrungen nach Abtreibung*
28215 Bremen – Schweinfurter Weg 18
Tel. (04 21) 37 04 18 – (Gisela Koch, 1. Vorsitzende)
14913 Blönsdorf – Dorfstr. 58
Tel. (03 37 43) 5 02 96
34132 Kassel – Carlo-Mierendorf-Str. 21c
Tel. (05 61) 40 59 49
40235 Düsseldorf – Hoffeldstr. 44
Tel. (02 11) 6 79 04 74 (Anrufbeantworter)
76287 Rheinstetten – Wormser Str. 3
Tel. (0 72 42) 95 37 80 – Fax (0 72 42) 95 37 81
85521 Riemerling – Prinz-Alfons-Str. 13
Tel. (0 89) 6 08 49 61
90547 Stein/Nürnberg – Wiesenstr. 5
Tel. (09 11) 68 61 84
Internet: www.rahel-ev.de – E-Mail: rahel@rahel-ev.de

Zusammenschluss von betroffenen Frauen, aber auch Männern, Ehepaaren, Ärzten, Krankenschwestern und anderen Beteiligten. RAHEL ist die Stimme der leidvollen Erfahrung einer Konfliktschwangerschaft und Abtreibung. In Gesprächskreisen, Telefonseelsorge, Aufarbeitungskursen und Wochenendfreizeiten werden Schmerz, Trauer, Wut und die Frage nach dem Woher und Wohin des Lebens bewusst gemacht, ausgesprochen, zugelassen und mitgetragen.

Schwangerschaftskonfliktberatung (Beratung und praktische Hilfe für Frauen, die sich mit dem Gedanken an eine Abtreibung tragen) leistet:

DIE BIRKE e.V.
Bergstr. 114
69121 Heidelberg
Tel. (0 62 21) 6 06 70
(arbeitet bundesweit)

Aktion Lebensrecht für Alle
Bundesgeschäftsstelle
Ottmarsgässchen 8 – 86152 Augsburg
Tel. (08 21) 51 20 31
(vermittelt auch weiter an zahlreiche regionale Kontaktstellen)

INVITARE – *eingeladen zum Leben*
Stiftung für Mutter und Kind
Mörikestraße 118 – 71636 Ludwigsburg
Tel. (0 71 41) 92 27 78 – Fax (0 71 41) 46 45 59
E-Mail: info@invitare-stiftung.de

Arbeitskreis Leben e.V. Ostfriesland
Beratungszentrum
Osterstr. 35 – 26725 Emden
Tel. (0 49 21) 3 37 78
AKL Aurich, Tel. (0 49 28) 6 62
AKL Rheiderland, Tel. (0 49 03) 16 64

KALEB e.V.
Fehrbelliner Straße 99 – 10119 Berlin
Tel. (0 30) 44 05 88 66 – Fax (0 30) 44 05 88 67
E-Mail: info@kaleb.de
(vermittelt auch weiter an zahlreiche regionale Kontaktstellen, vornehmlich in den neuen Bundesländern)

Pro Vita – *Initiative für das Leben*
Geschäftsstelle
Kirchröder Straße 46 – 30559 Hannover
Tel. (05 11) 9 54 98 77 – Fax (0511) 9 54 98 52
E-Mail: sozialwerk.provita@t-online.de
Internet: www.pro-vita.de
(Beratung – Hilfe – Seelsorge – Information, vermittelt weiter an regionale Kontaktstellen)

Viola e.V.
Initiative für Frauen im Schwangerschaftskonflikt
Merzengasse 12 – 77933 Lahr/Schwarzwald
Tel. – rund um die Uhr: (01 60) 5 44 60 39
Internet: www.schwanger-in-Not.de
eMail: viola@schwanger-in-Not.de
(vermittelt auch weiter an regionale Kontaktstellen)